Jutta Koslowski

Die Einheit der Kirche – das Ziel und der Weg

Jutta Koslowski

Die Einheit der Kirche –
das Ziel und der Weg

… und welche konkreten Schritte
wir schon heute gehen können

BONIFATIUS

Bibliografische Information der Deutschen Nationalbibliothek
Die Deutsche Nationalbibliothek verzeichnet diese Publikation in
der Deutschen Nationalbibliografie; detaillierte bibliografische
Daten sind im Internet über http://dnb.ddb.de abrufbar.

Umschlaggrafik: Elke Brosch, Bonifatius GmbH
Titelfoto: © fotolia

© 2019 by Bonifatius GmbH Druck · Buch · Verlag Paderborn

ISBN 978-3-89710-753-3

Gesamtherstellung:
Bonifatius GmbH Druck · Buch · Verlag Paderborn

Inhalt

Vorwort

›*Die Einheit der Kirche – das Ziel und der Weg*‹: Dieser Titel verdeutlicht das spezifische Anliegen dieses Buches. Hier geht es um die Frage nach der *Einheit* der Kirche (wobei die ebenso wichtige *Vielfalt* nicht außer Acht gelassen werden soll) – also um das, was man als ›Ökumene‹ bezeichnet. ›Ökumenische Gottesdienste‹ sind hierzulande so weit zur Normalität geworden, dass das sperrige Fremdwort auch unter der stetig wachsenden Gruppe der ›Kirchendistanzierten‹ geläufig ist. Während der ›normale‹ Sonntagsgottesdienst nach Konfessionen getrennt gefeiert wird, führen Anlässe, welche die Allgemeinheit betreffen (wie etwa Martinsumzüge, Schulgottesdienste, Einweihungsfeiern o.ä.) Christen zusammen. Die meisten Menschen finden das einerseits gut, andererseits selbstverständlich – und fragen allenfalls, worin überhaupt die Unterschiede zwischen den Konfessionen bestehen und warum sie heute noch getrennt sind.

›Die Einheit der *Kirche*‹ – der Buchtitel könnte ja auch ›Einheit der *Kirchen*‹ lauten! Gibt es eigentlich nur *eine* Kirche oder sind es mehrere bzw. wie ist das Verhältnis von ›Kirche‹ und ›Kirchen‹ zu verstehen? Dies ist ein weiteres Thema, um das es auf den folgenden Seiten geht.

Und schließlich: ›das *Ziel* und der *Weg*‹. Normalerweise denken wir eher umgekehrt: Wir gehen einen Weg, um am Ende ein Ziel zu erreichen (wobei es zu fast jedem Ziel eine Vielzahl von Wegen gibt). Jedenfalls spielt die Frage nach den *ökumenischen Zielvorstellungen* in diesem Buch eine besondere Rolle.[1] Die These lautet: Einer der

---

[1] Dabei stütze ich mich auf folgende ausführliche Untersuchung: KOSLOWSKI, JUTTA: Die Einheit der Kirche in der ökumenischen Diskussion. Zielvorstellungen kirchlicher Einheit im katholisch-evangelischen Dialog (Studien zur systematischen Theologie und Ethik, Bd. 52), Münster 2008. Das vorliegende Buch ist ein Versuch, die Ergebnisse dieser Arbeit in allgemeinverständlicher, aktualisierter, gekürzter und auf die Praxis ausgerichteter Form zusammenzufassen. Vgl. auch KOSLOWSKI, JUTTA: Die Einheit der Kirche – das Ziel und der Weg. In: Deutsches

wesentlichen Gründe dafür, dass die ökumenische Bewegung an Schwung verloren hat, besteht darin, dass die beteiligten Partner sich nicht ausreichend darüber im Klaren sind, welches Ziel sie eigentlich erreichen wollen. Eine Fülle von unterschiedlichen Zielvorstellungen wurde im Lauf der Zeit ins Gespräch gebracht – wobei sich die Partner nicht nur darüber uneins sind, *welches* davon sie anstreben wollen, sondern sogar, *welche Bedeutung* die jeweiligen Modelle genau haben. Hier herrscht eine verwirrende Begriffsvielfalt, sodass manchmal mit demselben Wort unterschiedliche Vorstellungen zum Ausdruck gebracht werden und andererseits verschiedene Begriffe ganz ähnliche Bedeutung haben.[2] Das erschwert den Dialog zusätzlich, und hier ist Klärung dringend notwendig; das vorliegende Buch will dazu einen Beitrag leisten.

Es steht allenfalls fest, was man *nicht* mehr möchte: Gleichgültigkeit, gar Feindseligkeit – also Kirchentrennung. Je mehr sich einzelne Konfessionen ihre Ziele bewusst gemacht haben, umso deutlicher hat sich herausgestellt, dass diese durchaus unterschiedlich sind: Die zukünftige Einheit der Kirche soll möglichst so aussehen, wie die jeweils eigene Kirche schon jetzt aufgebaut ist (Theologen sprechen vom Zusammenhang zwischen Ekklesiologie und Einheitsverständnis). Deshalb soll hier über das Ziel der Ökumene nachgedacht werden – aber nicht nur theoretisch, sondern ganz praktisch und konkret: Es wird überlegt, welchen Weg man beschreiten müsste, um das jeweilige Ziel zu ereichen, und wie die einzelnen Schritte dazu aussehen könnten. Es geht also um

---

Pfarrerblatt, Jg. 108, 2008, S. 531–534; KOSLOWSKI, JUTTA: Die Einheit der Kirche: geschenkt – verloren – gesucht. In: Confessio Augustana, Jg. 12, 2007, S. 32–37.

[2] Vgl. KOSLOWSKI, JUTTA: »Versöhnte Verschiedenheit von Schwesterkirchen?« Über die Begriffs- und Bedeutungsvielfalt in der Diskussion um die Einheit der Kirche. In: Münchener Theologische Zeitschrift, Jg. 60, 2009, S. 314–326. S. auch Gemeinsame Römisch-Katholische/Evangelisch-Lutherische Kommission: Einheit vor uns. Modelle, Formen und Phasen katholisch/lutherischer Kirchengemeinschaft, Paderborn/Frankfurt 1985, Nr. 14 f.

die Frage der *Praktikabilität* der jeweiligen Zielvorstellungen: Wie würde sich das Leben für mich als Christ und in meiner Ortsgemeinde ändern, wenn eine bestimmte Zielvorstellung verwirklicht würde? *Wer* schlägt *was* vor und *warum* – und warum hat es bisher nicht geklappt, dies in die Tat umzusetzen? Was müsste geschehen, damit sich doch noch etwas bewegt? Mit dem gegenwärtigen Diskussionsstand zu diesen Fragen beschäftigen sich vor allem die Kapitel IV. *Wohin die Reise geht* und V. *Viele Wege führen zum Ziel.* In Kapitel IX. *Die Zukunft der Ökumene* wird dann in Form einer ›konkreten Utopie‹ durchgespielt, wie die Verwirklichung der Zielvorstellung ›Einheit in Vielfalt‹ beispielsweise aussehen könnte (auch wenn derzeit kaum etwas dafürspricht, dass dies zu erwarten ist).[3]

Was gibt es sonst noch zu diesem Buch zu sagen? Es geht hier vor allem um die Situation der Ökumene in *Deutschland*. Es soll eine Bestandsaufnahme unternommen werden, nachdem die Feierlichkeiten zum 500-jährigen Jubiläum der Reformation (und damit auch der Spaltung zwischen katholischer und evangelischer Kirche) abgeschlossen sind. Dabei sind vor allem diese beiden großen Volkskirchen im Blick, denen die meisten Christen hierzulande zu fast gleichen Teilen angehören – auch wenn der Mitgliederschwund dramatisch voranschreitet und schon heute zumindest in vielen Teilen der neuen Bundesländer fraglich ist, inwieweit sie ihrem Anspruch noch gerecht werden können. Aber natürlich gibt es nicht nur die *katholische* und die *evangelische Kirche*, sondern auch *orthodoxe Christen* und eine Vielzahl an *Freikirchen*, die trotz ihrer oft geringen Mitgliederzahl ein sehr aktives Gemeindeleben haben (etwa im Hinblick auf Kinder- und Jugendarbeit). Deshalb sollen sie hier nicht übergangen werden und kommen vor allem in Kapitel VII. *Ökumene am Rand* zur Sprache. Und schließlich wollen wir auch über unseren

---

[3] Vgl. KOSLOWSKI, JUTTA: »Einheit in Vielfalt« als Zielvorstellung kirchlicher Einheit. In: Ökumenische Rundschau, Jg. 57, 2008, S. 69–81.

Tellerrand schauen und uns damit beschäftigen, wie die Situation der Ökumene in anderen Ländern aussieht, denn da gibt es erhebliche Unterschiede, von denen in Kapitel VI. *Ökumene kreuz und quer* die Rede ist.

Weil die meisten ökumenisch engagierten Menschen vor allem das Problem der (bis heute offiziell nicht vorhandenen) *Abendmahlsgemeinschaft* interessiert, ist dem ein eigenes Kapitel gewidmet: VIII. *Das große Zeichen der Einheit.* Manche Menschen wissen vielleicht gar nicht, ob und wo sie zum Abendmahl bzw. zur Eucharistiefeier eingeladen sind. Oder sie folgen ihrem eigenen Gewissen und setzen sich über bestehende Einschränkungen hinweg. Tatsache ist, dass der Wunsch nach dem gemeinsamen Abendmahl im Kirchenvolk weit verbreitet ist – vor allem bei denen, die in einer konfessionsverbindenden Ehe leben (früher als ›konfessionsverschiedene Ehe‹ bezeichnet). Viele sind der Ansicht, dass das Ziel der Ökumene im Wesentlichen erreicht wäre, wenn die Trennung beim Abendmahl überwunden würde. Die katholische Kirche, welche in dieser Frage eine deutlich konservativere Position vertritt als die evangelische, wird hier oft als Quertreiber betrachtet. Umso wichtiger ist es, ihre gegenwärtige Position und die Gründe dafür zu kennen.

Die ersten drei Kapitel beschäftigen sich mit Grundlagen zum Verständnis der Ökumene. In Kapitel I. *Eine beständig wachsende Vielfalt* wird beschrieben, wie vielgestaltig das Gebilde ist, zu dem sich die Christenheit im Lauf ihrer schon mehr als zweitausend Jahre währenden Geschichte entwickelt hat und wie die verschiedenen Konfessionen entstanden sind. Als eine Art Gegengewicht zu diesem Ausdifferenzierungsprozess kann man die ökumenische Bewegung betrachten, deren Geschichte in Kapitel II. *Wie alles anfing* nachgezeichnet wird. Und *warum* Ökumene überhaupt wichtig ist und welche Motivation die Handelnden bewegt, wird in Kapitel III. *Was uns antreibt* gefragt.

Möge die Lektüre dieses Buches auch die Leserinnen und Leser dazu antreiben, sich verstärkt mit der Ökumene zu beschäftigen und sich für *Einheit in Vielfalt* zwischen den verschiedenen Christen und die *Erneuerung* der Kirchen und Gemeinden vor Ort einzusetzen!

Gnadenthal, im Dezember 2018
Jutta Koslowski

I. Eine beständig wachsende Vielfalt: Die konfessionelle Aufteilung des Christentums

Das Christentum ist vor mehr als zweitausend Jahren entstanden, als der jüdische Rabbi Jesus im Land Israel in der Provinz Galiläa als Wanderprediger umherzog und seine Botschaft vom ›Reich Gottes‹ verkündete. Aus den Evangelien wissen wir, dass er sich dabei fast ausschließlich an Juden gewandt hat und häufig in ihren Synagogen lehrte. Der christliche Glaube ist also ursprünglich nicht als eigenständige Religion entstanden, sondern als Erneuerungsbewegung innerhalb des Judentums. Doch spätestens als der Apostel PAULUS eine intensive Heidenmission aufnahm, begann das ›Auseinandergehen der Wege‹.[4] Das Christentum entwickelte sich also als ›Tochterreligion‹ aus der älteren ›Mutterreligion‹ des Judentums heraus[5] – und zwar, wie man sich leicht vorstellen kann, nicht ohne Auseinandersetzungen und Konflikte. Von dieser Polemik zeugt bereits das Neue Testament. So heißt es etwa im 1. Thessalonicherbrief über die Juden, dass sie »sowohl den Herrn Jesus als auch die Propheten getötet und uns verfolgt haben und Gott nicht gefallen und allen Menschen feindlich sind«. (1. Thess 2, 15)[6] Aber auch *innerhalb* der neu entstandenen christlichen Gemeinden gab es heftige Streitigkeiten, bei denen die jeweils

---

[4] Vgl. BOYARIN, DANIEL: Abgrenzungen. Die Aufspaltung des Judäo-Christentums (Arbeiten zur neutestamentlichen Theologie und Zeitgeschichte, Bd. 10), Berlin/Dortmund 2009; MARTIN, VINCENT: A House Divided. The Parting of the Ways. Between Synagogue and Church (Studies in Judaism and Christianity), New York 1995.

[5] Vgl. KOSLOWSKI, JUTTA: »Halbgeschwister«? Versuche der Verhältnisbestimmung zwischen Judentum und Christentum. In: Kirche und Israel, Jg. 31, 2016, S. 125–133.

[6] Bibelstellen werden hier und im Folgenden nach der Revidierten Elberfelder Übersetzung zitiert, sofern nicht anders angegeben.

Andersdenkenden als ›Ketzer‹ verunglimpft wurden.[7] PAULUS geht sogar so weit, zu behaupten: »Wenn aber auch wir oder ein Engel aus dem Himmel euch etwas als Evangelium entgegen dem verkündigten, was wir euch als Evangelium verkündigt haben: Er sei verflucht!« (Gal 1, 8) Diese Formulierung ›er sei verflucht‹ (auf Griechisch: *anathema sit*), sollte in Form der sogenannten Anathematisierung von Häretikern bei der Entstehung von Kirchenspaltungen später eine große Rolle spielen.[8]

Es gab also niemals einen idealen und harmonischen Zustand der ›Urkirche‹, zu dem wir einfach zurückkehren können, wenn wir uns um die Einheit der Christen bemühen – auch wenn dies in der Apostelgeschichte so dargestellt wird: »Die Menge derer aber, die gläubig wurden, war *ein* Herz und *eine* Seele; und auch nicht einer sagte, dass etwas von seiner Habe sein eigen sei, sondern es war ihnen alles gemeinsam.« (Apg 4, 32)

---

[7] Vgl. 2. Petr 2, 1–22: »Es waren aber auch falsche Propheten unter dem Volk, wie auch unter euch falsche Lehrer sein werden, die Verderben bringende Parteiungen heimlich einführen werden, indem sie auch den Gebieter, der sie erkauft hat, verleugnen. Die ziehen sich selbst schnelles Verderben zu. Und viele werden ihren Ausschweifungen nachfolgen, um derentwillen der Weg der Wahrheit verlästert werden wird. Und aus Habsucht werden sie euch mit betrügerischen Worten kaufen; denen das Gericht seit langem schon nicht zögert, und ihr Verderben schlummert nicht. [...] Diese aber, wie unvernünftige Tiere, von Natur aus zum Eingefangenwerden und Verderben geboren, lästern über das, was sie nicht kennen, und werden auch in ihrem Verderben umkommen [...]. Denn sie führen geschwollene, nichtige Reden und locken mit fleischlichen Begierden durch Ausschweifungen diejenigen an, die kaum denen entflohen sind, die im Irrtum wandeln; sie versprechen ihnen Freiheit, während sie selbst Sklaven des Verderbens sind [...]. Denn es wäre ihnen besser, den Weg der Gerechtigkeit nicht erkannt zu haben, als sich, nachdem sie ihn erkannt haben, wieder abzuwenden von dem ihnen überlieferten heiligen Gebot. Es ist ihnen aber nach dem wahren Sprichwort ergangen: Der Hund kehrt wieder um zu seinem eigenen Gespei, und: Die gewaschene Sau zum Wälzen im Kot.« S. auch Kol 2, 8–23; 1. Tim 1, 3–11; 4, 1–11; Tit 1, 10–16 u.ö.

[8] Vgl. KOSLOWSKI, JUTTA: »›... der sei verflucht!‹« (Gal 1, 8). Der Umgang mit Lehrverurteilungen als Aspekt kirchlicher Schuldgeschichte. In: ENXING, JULIA (Hg.): Schuld. Theologische Erkundungen eines unbequemen Phänomens, Ostfildern (Grünewald-Verlag) 2015, S. 234–248.

In der Geschichte der Kirche entstanden zu viele Spaltungen, als dass sie hier alle dargestellt werden könnten. Wichtig ist jedoch die Unterscheidung zwischen solchen Schismen (von griech. *schisma*, d.h. Trennung), die vorübergehender Art waren, und solchen, die dauerhafter Natur sind. Außerdem unterscheidet man Schismen mit regionaler Bedeutung von solchen mit globalem Ausmaß (die also die Kirche als Ganzes betreffen). Und schließlich kann man noch differenzieren zwischen Schismen, die theologische Gründe haben, und solchen, bei denen die sogenannten ›nicht-theologischen Faktoren‹ ausschlaggebend sind. Diese letzte Unterscheidung ist besonders wichtig – aber auch schwierig zu treffen. Denn die beteiligten Akteure erheben stets den Anspruch, für die Wahrheit des Glaubens zu streiten – während es für Außenstehende (erst recht im Rückblick) oftmals so aussieht, als hätten sich die Betreffenden missverstanden, sich aus kulturellen Gründen auseinandergelebt, aus politischen Motiven bzw. aus Machtstreben gehandelt oder als sei ein unglücklicher Zufall mit im Spiel gewesen.

Unter diesen Gesichtspunkten wollen wir nun die Geschichte der wichtigsten Kirchenspaltungen betrachten (d.h. jener mit weltweitem Ausmaß und dauerhafter Bedeutung).[9] ›Spaltung‹ klingt vielleicht zu negativ; man könnte das Ganze auch als Ausdifferenzierungsprozess verstehen oder wie das Wachstum eines Baumes, bei dem sich aus einem einzigen Stamm immer mehr Äste und Zweige entwickeln, die vielen Bewohnern Lebensraum bieten. Tatsache ist, dass die weltweite Christenheit außerordentlich bunt und spannend ist, und dass es heute weniger Vielfalt gäbe, wenn sich nicht unterschiedliche Konfessionen entwickelt hätten.[10] Das Problem zwischen

---

[9] Vgl. hierzu das Schaubild zur konfessionellen Aufteilung des Christentums im Anhang zu diesem Buch.

[10] An dieser Stelle ein kleiner Hinweis: Theologen gehen davon aus, dass die Kirche ihre Einheit im Grunde immer bewahrt hat, denn sie gehört zu den Wesensmerkmalen der Kirche, den vier sogenannten *notae ecclesiae*. Diese leiten sich aus dem alt-ehrwürdigen Text des Apostolischen Glaubensbekenntnisses ab, das bereits seit dem 2. Jahrhundert

den Kirchen ist also keineswegs die Verschiedenheit der Gebräuche und Ansichten, sondern eher, dass man den eigenen Standpunkt verabsolutiert und dem jeweils anderen die Rechtgläubigkeit abspricht.

Die erste große Kirchenspaltung trat immerhin erst knapp ein halbes Jahrtausend nach der Entstehung des Christentums ein, nämlich im Jahr 451, als sich die sogenannten *alt-orientalischen Kirchen* von der restlichen Christenheit abspalteten. Aus Sicht der betroffenen Kirchen war es freilich eher umgekehrt – nämlich so, dass sie selbst den überlieferten Glauben bewahrt haben, während die anderen sich abspalteten. Das ändert aber nichts daran, dass die Alt-Orientalen eine Minderheit darstellen. Es handelt sich dabei um vier Nationalkirchen im Vorderen Orient (der seit dem 7. Jahrhundert muslimisch geprägt ist, aber die Wiege des Christentums bildet und in den ersten Jahrhunderten blühendes christliches Stammland war): Dazu gehören die *Armenische Kirche* (Armenien war das erste Land überhaupt, in dem
das Christentum zur Staatsreligion bzw. Nationalreligion erklärt wurde), die *Syrische Kirche*, die *Koptische Kirche* in Ägypten und die von dort aus missionierte *Äthiopische Kirche*. Diese Kirchen existieren trotz aller Verfolgung und Armut bis heute – wobei sie in unseren Tagen durch den islamischen Fundamentalismus einen dramatischen Mitgliederschwund erleben und nun nach fast zweitausend Jahren Existenz vielleicht tatsächlich verschwinden, ohne dass die Welt daran besonders Anteil nimmt. In diesen Kirchen werden uralte Traditionen bewahrt – in der syrischen Kirche wird sogar noch Aramäisch gesprochen, die Muttersprache Jesu! Deshalb und wegen ihrer geographischen Lage werden sie als ›alt-orientalische‹ Kirchen bezeichnet.

überliefert ist, worin es heißt: »Ich glaube an [...] die eine, heilige, katholische und apostolische Kirche«. Deshalb wird das Ziel der ökumenischen Bewegung nicht darin gesehen, die *Einheit* der Kirche wiederherzustellen, sondern die *sichtbare* Einheit (da sie ja zumindest unsichtbar bzw. verborgen irgendwie noch gegeben sein muss).

Warum haben sie sich von der Groß-Kirche getrennt? Dies geschah auf dem Konzil von Chalcedon (einer Stadt in Kleinasien), das 451 abgehalten wurde. Ein Konzil ist eine Zusammenkunft auf regionaler oder gesamtkirchlicher Ebene, bei der wichtige Fragen gemeinsam beraten und entschieden werden sollen. Weil Kommunikation und Transport damals ja noch nicht so einfach waren wie heute, trafen die Vertreter dieser vier Kirchen bei dem ›ökumenischen Konzil‹[11] in Chalcedon erst ein, als die Beratungen bereits weitgehend abgeschlossen waren. Sie waren nicht bereit, den ohne sie gefassten Beschlüssen zuzustimmen, und werden deshalb auch ›non-chalcedonensische‹ Kirchen genannt. Möglicherweise hatten sie auch inhaltliche Einwände gegen die Beschlüsse des Konzils: Es ging damals um die Frage der sogenannten ›Zwei-Naturen-Lehre‹, d.h. ob Jesus ›wahrer Mensch‹ bzw. ›wahrer Gott‹ oder beides ist und wie man sich diese beiden Naturen in Christus vorstellen kann. Weil die Alt-Orientalen die Unionsformel von Chalcedon nicht mittrugen, wurden sie der Häresie des Monophysitismus beschuldigt (von griech. *monos physis*, d.h. eine Natur). Die Bezeichnung ›Monophysiten‹ ist aber inzwischen obsolet, denn durch den ökumenischen Dialog hat sich herausgestellt, dass es sich damals vor allem um bedauerliche Missverständnisse und verbale Differenzen handelte. Die Rechtgläubigkeit der alt-orientalischen Kirchen ist heute nicht mehr umstritten, und durch feierliche Erklärungen in den 1980er Jahren wurde das Schisma aufgehoben und die Kirchengemeinschaft wiederhergestellt. Allerdings hat sich dies im Bewusstsein der Gläubigen bisher kaum durchgesetzt – eine über viele Jahrhunderte dauernde Trennung lässt sich nur schwer überwinden.

---

[11] Als ›ökumenisch‹ wird ein Konzil bezeichnet, wenn Kirchen aus dem ganzen Erdkreis (griech. *oikoumene*) eingeladen sind, wenn es also gesamtkirchliche Bedeutung hat.

Danach hat es wieder fast 500 Jahre gedauert, bis es zu dem nächsten großen Schisma kam, bei dem sich die West- und Ostkirche voneinander trennten. Auch hier waren weniger theologische Gründe die Ursache; es handelte sich aber auch nicht einfach nur um ein Missverständnis, sondern eher um eine tiefgreifende Entfremdung, die hier zum Ausdruck kam. Die Westkirche gehörte zum Herrschaftsgebiet des weströmischen Reiches, das ja bereits im Jahr 476 untergegangen war; die Ostkirche dagegen war Teil des oströmischen Reichs, welches noch bis zum Jahr 1453 bestand. Im Westen sprach man Lateinisch und war auch in kirchlichen Angelegenheiten vom Pragmatismus und Rechtsdenken der römischen Kultur geprägt. Im Osten dagegen war die griechische Sprache verbreitet – und mit ihr das Wissen um die feinen Differenzierungen und philosophischen Spekulationen der antiken Schriftsteller. Die West- und die Ostkirche haben sich also buchstäblich ›nicht verstanden‹ und immer mehr auseinanderentwickelt. Da bedurfte es dann nur noch eines unglücklichen Zufalls, um die Trennung formell zu vollziehen. Dieser Zufall ereignet sich im Jahr 1054, als der hitzköpfige Kardinal HUMBERT DA SILVA CANDIDA als päpstlicher Legat (d.h. Gesandter) in Konstantinopel eintraf und vom dortigen Patriarch MICHAEL KERULLARIOS nicht mit den gebührenden Ehren empfangen worden ist. Über Wochen hinweg eskalierte der Konflikt – dann legte der Kardinal eine Bannbulle[12] auf dem Altar der Hagia Sophia nieder. Im Grunde genommen war dieser Akt nichtig, denn der römische Papst war zu diesem Zeitpunkt bereits verstorben, und dadurch erlöschen alle Vollmachten eines Legaten; aber das wusste man damals nicht. Der Patriarch von Konstantinopel zögerte nicht lange mit seiner Antwort und hat seinerseits

---

[12] Das Wort ›Bulle‹ kommt von dem lateinischen *bulla* und bezeichnet ursprünglich die Blase z.B. eines Rindes; in dessen getrocknete Haut wurden früher Pergamente eingenäht, auf denen wichtige Beschlüsse festgehalten werden sollten. Später wurden sie in einer Kapsel (lat. *bulla*) verwahrt und mit einem Bleisiegel (ital. *bolla*) versiegelt.

HUMBERT exkommuniziert. Eigentlich betraf dieser Bann ja nur zwei einzelne Personen – aber nachdem diese hochrangige Vertreter ihrer jeweiligen Kirchen waren, hat sich dieses bedauerliche Ereignis so ausgewirkt, dass die Kirchengemeinschaft zwischen West- und Ostkirche bis zum heutigen Tag aufgehoben ist.

Obwohl nicht-theologische Faktoren dafür ausschlaggebend waren, gab es natürlich auch dogmatische Gründe, die angeführt werden: So hat die orthodoxe Kirche[13] (wie sich die Ostkirche bezeichnet) der katholischen Kirche[14] (also der Westkirche) vorgeworfen, diese habe an dem altkirchlichen Glaubensbekenntnis von Nizäa und Konstantinopel eigenmächtig eine Änderung vorgenommen, die noch dazu heterodox sei.[15] Ein anderer Vorwurf lautet, dass in der Westkirche bei der Eucharistiefeier *Azymen*, d.h. ungesäuertes Brot verwendet wird, während man in der Ostkirche gesäuertes Brot verwendet, um sich bewusst von der jüdischen Tradition abzugrenzen (wo in der Zeit des Passah-Festes kein *Chamez*, d.h. nichts Fermentiertes, genossen werden darf). Aus heutiger Sicht erscheinen diese Differenzen unbedeutend; für die meisten Menschen sind sie nicht nachvollziehbar oder allenfalls ›Theologengezänk‹. Aber es bleibt eine Tatsache, dass sie zum sogenannten ›Großen Schisma‹ beigetragen haben.

Allerdings ist es aus Sicht der orthodoxen Kirche so, dass der entscheidende Tiefpunkt in den Beziehungen, von dem an dieses Schisma als unüberwindlich betrachtet wurde, erst 150 Jahre später erreicht worden ist, nämlich im Jahr 1204, als venezianische Truppen aus Anlass des

---

[13] Orthodox bedeutet ›rechtgläubig‹ (von griech. *orthos*, d.h. recht bzw. gerade und *doxa*, d.h. Lehre sowie Verehrung).

[14] Katholisch bedeutet soviel wie ›allumfassend‹ (von griech. *kat'holos*, d.h. gemäß der Ganzheit).

[15] Es handelt sich um die Einfügung eines einzigen Wortes in den lateinischen Text, nämlich *filioque* (d.h. »und dem Sohn«). Die Aussage »Wir glauben an den Heiligen Geist, [...] der aus dem Vater und dem Sohn hervorgeht« wird in der orthodoxen Theologie sowohl aus kanonischen als auch aus dogmatischen Gründen abgelehnt.

IV. Kreuzzugs ein furchtbares Blutbad in Konstantinopel angerichtet hatten. Das Heer eines christlichen ›Bruderstaats‹ hat die alt-ehrwürdige Hauptstadt Konstantinopel grundlos überfallen und geplündert – aus keinem anderen Motiv als aus Geldgier (die Stadt Venedig wollte ihre Zusage zur Finanzierung des Kreuzfahrerheers nicht einlösen, und deshalb hatte man kurzerhand beschlossen, vor der Befreiung des Heiligen Landes aus der Hand der Muslime einen Umweg über Konstantinopel zu machen und sich dort schadlos zu halten). Dieses Ereignis hat sich bis heute tief in das Gedächtnis der östlichen Christenheit eingeprägt. Viele der unermesslichen Kunstschätze, die damals geraubt wurden, sind noch heute in den Museen der westlichen Welt zu bewundern. Und orthodoxe Christen klagen darüber, dass sich ihre Hauptstadt von diesem Überfall nie mehr richtig erholen konnte und dass er letztlich zum Fall Konstantinopels im Jahr 1453 und zum Aufstieg des Osmanischen Reichs geführt hat.

Die erste ›richtige‹ Kirchenspaltung, nämlich eine solche, die tatsächlich *theologisch* motiviert ist, war die Reformation im 16. Jahrhundert. (Also wiederum 500 Jahre später, nachdem die Geschichte der Kirche bereits eineinhalb Jahrtausende währte. Es sieht fast so aus, als würde ein solches Ereignis etwa alle fünf Jahrhunderte eintreten – und man kann sich fragen, was die Kirche heute, wo wieder ein ähnlicher Zeitraum verstrichen ist, erwartet ...) Seit dieser Zeit spricht man von verschiedenen *Konfessionen* in der Kirche, d.h. Bekenntnissen (von lat. *confessio*, d.h. ich glaube).[16] Dieses Schisma nahm seinen Ausgang von Deutschland, und daraus (sowie aufgrund der Tatsache, dass Deutschland eines der wenigen Länder ist, wo

---

[16] Nicht zu verwechseln mit dem Begriff ›Religion‹: Christen gehören alle derselben Religion an, nämlich dem Christentum (im Unterschied zu anderen Religionen wie etwa Judentum, Islam, Hinduismus und Buddhismus). Die unterschiedlichen Glaubensrichtungen innerhalb des Christentums bezeichnet man als Konfessionen; wenn sich Kirchen innerhalb einer Konfession eigentlich nur dem Namen nach unterscheiden, spricht man von Denominationen.

die Christen je zur Hälfte der katholischen und der evangelischen Kirche angehören) ergibt sich eine ganz besondere Verantwortung für die Ökumene in diesem Land.

Als Beginn der Reformation wird üblicherweise das Jahr 1517 angegeben, weil der Augustinermönch MARTIN LUTHER (1483–1546) am 31. Oktober diesen Jahres seine rasch berühmt gewordenen ›95 Thesen‹ an der Tür der Schlosskirche von Wittenberg veröffentlicht hat. Dies war die damals gebräuchliche Form, um wichtige Neuigkeiten zu veröffentlichen (sie sozusagen am schwarzen Brett der Universität auszuhängen). LUTHER lud zu einer Disputation seiner Thesen ein – auch das war zu seiner Zeit eine übliche akademische Methode. Außergewöhnlich war der *Inhalt* seiner Thesen, denn er wandte sich damit gegen den Ablasshandel, mit dem die katholische Kirche großen Profit machte. Wie der Begriff ›Reformation‹ besagt, ging es Luther nicht darum, eine neue Kirche zu gründen oder die bestehende zu spalten, sondern er wollte die katholische Kirche *reformieren*, d.h. erneuern. Erst als er dabei auf Ablehnung stieß und exkommuniziert wurde, sammelten er und seine Anhänger sich in einer neu entstehenden Kirche. Weil ihnen das Evangelium der Rechtfertigungslehre, d.h. die ›gute Nachricht‹ von der Rechtfertigung des Sünders allein aus Gnade *(sola gratia)* allein im Glauben *(sola fide)* und allein durch Christus *(solus Christus)* so wichtig war, nannten sie sich *evangelisch*.

Wie gelangte LUTHER zu seiner Überzeugung? Vor allem durch die Beschäftigung mit der Bibel: Er war Professor für Bibelwissenschaft an der Universität Wittenberg gewesen und hatte sie – auch aus persönlichem Interesse – eifrig studiert. Deshalb gilt als viertes (bzw. eigentlich erstes) und grundlegendes der ›vier reformatorischen soli‹ der Grundsatz *sola scriptura*, d.h. allein in der Heiligen Schrift soll der Glaube seinen Maßstab finden. Auf dem Reichstag zu Speyer im Jahr 1529 legten die evangelischen Stände Protest ein gegen die Entscheidung, den Ländern und Reichsstädten, welche die Reformation eingeführt hatten, die Rechtssicherheit wieder zu entziehen;

seitdem werden die Anhänger der Reformation auch *Protestanten* genannt. Dass man sie nach dem Reformator Martin Luther auch ›*Lutheraner*‹ nennt, dagegen hätte sich dieser freilich verwahrt – hat er doch selbst einmal geschrieben: »Zum ersten bitte ich, man wollt meines Namens schweigen, und sich nicht ›lutherisch‹, sondern Christen heißen. [...] Wie käme denn ich armer, stinkender Madensack dazu, dass man die Kinder Christi sollt mit meinem heillosen Namen nennen?«[17]

Die Kirchenspaltung, welche die Reformation mit sich brachte, sollte sich bald in ihren eigenen Reihen fortsetzen: Zahlreiche evangelische Freikirchen sind bereits nach kurzer Zeit entstanden (der sogenannte ›linke Flügel der Reformation‹). Dazu zählen vor allem ›Täufergemeinden‹, d.h. solche, die durch die Lektüre der Bibel in der von Luther angefertigten deutschen Übersetzung zu der Einsicht gelangt sind, dass die Taufe ursprünglich eine Glaubensentscheidung (›Bekehrung‹) von erwachsenen Menschen zum Ausdruck gebracht hat, und diese Praxis wieder einführen wollten. Gegen die ›Wiedertaufe‹ (die nach Überzeugung der Täufer *rite* eine Taufe war) gingen die anderen Reformatoren unerbittlich vor und scheuten dabei auch vor Gewalt nicht zurück. Davon waren z.B. die Mennoniten betroffen (benannt nach ihrem Gründer Menno Simons), welche ihrerseits den bewaffneten Kampf ablehnten und zu den ältesten historischen Friedenskirchen zählen. Später kamen u.a. die von dem Engländer John Wesley begründeten Methodisten hinzu, die Baptisten (welche ebenfalls die Erwachsenentaufe lehren), die Pfingstler (denen die Ausgießung des Heiligen Geistes wie am ersten Pfingstfest besonders wichtig ist) und viele andere mehr. In der katholischen Kirche, wo die strukturelle Einheit betont wird, vermerkt man hierzu kritisch: Der Spaltpilz der Reformation pflanzt sich in den eigenen Reihen fort und zersetzt die evangelische Christenheit von innen. Aus evangelischer Sicht wird

---

[17] Luther, Martin: Werke. Kritische Gesamtausgabe, Weimar 1883 ff., Bd. 8, 685, S. 4.

entgegengehalten, dass diese äußerliche Vielfalt die Einheit der unsichtbaren bzw. verborgenen Kirche nicht zerstört. Tatsache ist, dass es heute eine unübersehbare Anzahl von evangelischen Freikirchen gibt, die organisatorisch voneinander unabhängig sind. Teilweise setzen sie in ihrer Lehre mehr oder weniger deutlich eigene Akzente; oft unterscheiden sie sich aber auch nur dem Namen nach (und werden deshalb als *Denominationen* bezeichnet, von lat. *nomen*, d.h. Name). Die meisten von ihnen praktizieren untereinander Abendmahlsgemeinschaft, erkennen also auch andere Kirchen als legitim an.

Neben den kleineren Freikirchen haben sich in der Reformationszeit in verschiedenen Regionen größere Kirchentümer herausgebildet, die enge Allianzen mit dem jeweiligen Staatswesen eingegangen sind – ausgehend von der Schweiz die sogenannten ›Reformierten‹ mit ihren Begründern HULDREICH ZWINGLI und JOHANNES CALVIN. In Nordeuropa sind die evangelischen Kirchen dagegen lutherisch geprägt. In England entstand ab 1534 die Anglikanische Kirche, deren *Supreme Governor* der englische König bzw. die Königin ist. Die Anglikaner verstehen sich allerdings nicht einfach als protestantisch, sondern haben in manchem einen Mittelweg zwischen katholischer Tradition und evangelischer Erneuerung gewahrt. In Deutschland verbündeten sich die Reformatoren mit ihren jeweiligen Landesherren, auf deren Schutz sie angewiesen waren, und das sogenannte ›landesherrliche Kirchenregiment‹ entstand – eine enge Verbindung zwischen Kirche und Staat, die bis in die Zeit des Nationalsozialismus hinein verhängnisvolle Auswirkungen hatte.

Wie ging die Entwicklung in der Ostkirche weiter? Auch hier hat es wieder etwa 500 Jahre gedauert, bis es zu einer neuen wichtigen Kirchengründung kam, bei der die russisch-orthodoxe Kirche entstand. Seit der Zeit der Alten Kirche hatte der ›Ökumenische Patriarch‹ in Konstantinopel den Ehrenvorsitz über die gesamte orthodoxe Christenheit inne. Zwar leitet jeder Bischof,

Metropolit und Patriarch sein Gebiet eigenständig, aber dem Ökumenischen Patriarch kommt dabei eine gewisse Führungsrolle zu, indem er beispielsweise zu Konzilien einlädt oder Bischofswahlen bestätigt. Dadurch bildet er ein gewisses Gegengewicht zum römischen Papst – obgleich sich seine Rolle deutlich unterscheidet, weil der Ökumenische Patriarch keinen universalen Jurisdiktionsprimat[18] beansprucht. Im Jahr 1448, kurz vor dem Fall Konstantinopels, hatte man einen neuen ›Patriarchen von Kiev und ganz Russland‹ gewählt, ohne das Einverständnis des Ökumenischen Patriarchen zu erfragen, was einer Trennung von der Mutterkirche gleichkam. Deshalb entstand für einige Jahrzehnte ein Schisma, das jedoch 1590 wieder aufgehoben wurde, als eine Synode in Konstantinopel unter Beteiligung aller orthodoxen Patriarchen das Moskauer Patriarchat für ›autokephal‹ (d.h. selbständig) erklärte. Dieser Begriff kommt aus dem Griechischen, von *autos* (d.h. selbst) und *kephalos* (Haupt). Nachdem die griechisch-orthodoxe Kirche zunächst durch die Ausbreitung des Islam und nun durch das Osmanische Reich ihre Macht verloren hatte, stieg die russisch-orthodoxe Kirche (welche bereits im Jahr 988 durch die Taufe der Kiever Rus gegründet wurde) zur bedeutendsten orthodoxen Kirche auf. Moskau nannte sich deshalb auch das ›*dritte Rom*‹ (nachdem das ›erste Rom‹ beim Untergang des weströmischen Reiches und die Stadt Konstantinopel als ›zweites Rom‹ beim Untergang des oströmischen Reiches verloren gegangen waren). Im Zuge von Nationalbewegungen entstanden seit dem 19. Jahrhundert noch verschiedene weitere orthodoxe Kirchen in Osteuropa, z.B. die bulgarisch-orthodoxe, rumänisch-orthodoxe und serbisch-orthodoxe Kirche. Derzeit gibt es vierzehn autokephale orthodoxe Kirchen (welche ihre Vorsteher selbst bestimmen) und darüber hinaus einige weitere ›autonome‹ Kirchen (bei denen andere

---

[18] So wird der Anspruch des römischen Papstes bezeichnet, in allen Kirchen auf der ganzen Welt (universal) die oberste Autorität (Primat) in allen Fragen der Rechtsprechung und Leitung (Jurisdiktion) auszuüben.

Kirchen Mitspracherecht bei der Bestimmung der Vorsteher ausüben). Sie haben alle untereinander Kirchengemeinschaft, sodass man in diesem Fall nicht von einer Kirchenspaltung sprechen kann.

Dies ist dadurch möglich, dass die orthodoxe Kirche seit alter Zeit nach dem sogenannten *Territorialprinzip* organisiert ist.[19] Man spricht dort auch vom ›kanonischen Territorium‹, d.h. einem durch Kanones (kirchchenrechtliche Beschlüsse) festgelegten Gebiet, innerhalb dessen die jeweilige Kirche ihre inneren Angelegenheiten selbstbestimmt regelt. Über viele Jahrhunderte hinweg hat dieses Prinzip gut funktioniert und ein einvernehmliches Zusammenleben der verschiedenen orthodoxen Kirchen ermöglicht. Ebenso wie der *Grundsatz der ›Harmonie‹*, der besagt, dass sich Kirche und Staat in dem jeweiligen Gebiet um ein harmonisches Zusammenleben bemühen, bei dem die unterschiedlichen Aufgaben klar getrennt und festgelegt sind: Die Kirche betet für den Herrscher und wirkt staatstragend, während der Staat die Belange der Kirche in seinem Bereich schützt. Heute, wo moderne Verfassungen den Grundsatz der Religionsfreiheit fordern und globale Migrationsbewegungen immer mehr zur Auflösung von geschlossenen kulturellen und religiösen Milieus führen, erweisen sich diese Ideale allerdings als nicht mehr zeitgemäß. Außerdem sind im Territorium der Orthodoxie durch gezielten Proselytismus[20] von Seiten der katholischen Kirche zusätzlich sogenannte ›Unionskirchen‹ entstanden (im orientalischen Ritus die armenisch-katholische, syrisch-katholische, koptisch-katho-

---

[19] In der Alten Kirche haben sich fünf Patriarchate herausgebildet, die im System der sogenannten *Pentarchie* organisiert waren (von griech. *pente*, d.h. fünf, und *arche*, d.h. Ursprung bzw. Herrschaft): Rom, Konstantinopel, Alexandria, Antiochia und Jerusalem. Die Reihen- und Rangfolge dieser Patriarchate wurde auf Konzilien immer wieder neu ausgehandelt; dies hatte jedoch kaum praktische Auswirkungen, da alle fünf Patriarchate eigenständig waren.

[20] Als Proselytismus wird der Versuch einer Kirche bezeichnet, bei anderen Kirchen Mitglieder abzuwerben – im Unterschied zur Mission, die sich an Nichtchristen wendet.

lische und äthiopisch-katholische Kirche, im byzantinischen Ritus die sogenannte ›griechisch-katholische Kirche‹, die u.a. in Rumänien, Ungarn und v.a. in Weißrussland und der Ukraine existiert; dieser Uniatismus bereitet den orthodoxen Kirchen und ihrem Verhältnis zur katholischen Kirche erhebliche Probleme).[21] Die orthodoxen Kirchen ringen um neue Antworten auf neue Fragen – zuletzt bei dem ›Großen und Heiligen Konzil‹, das 2016 auf Kreta abgehalten worden ist (dessen Beschlüsse freilich noch nicht von allen orthodoxen Kirchen anerkannt sind).

---

[21]Vgl. KOSLOWSKI, JUTTA: Der Streit um die Einheit: Das Problem des Uniatismus und der orthodox-katholische Dialog. In: Una Sancta, Jg. 66, Ht. 1, 2011, S. 50–60.

II. Wie alles anfing:
Die Geschichte
der ökumenischen Bewegung

Im Verlauf ihrer zweitausendjährigen Geschichte ist die christliche Kirche immer vielfältiger geworden. ›Vielfältig‹ hört sich möglicherweise zu positiv an; der Begriff soll nicht darüber hinwegtäuschen, dass die jeweiligen Kirchen sich nicht nur *entwickelt*, sondern *auseinanderentwickelt* haben und dass viele von ihnen sich gegenseitig die Rechtgläubigkeit, ja überhaupt das Kirchesein absprachen. Diese gegenseitige Ablehnung beruhte zumeist auf Unkenntnis und Vorurteilen – oft wusste man nur wenig vom Selbstverständnis anderer Christen und sprach eher über- als miteinander. In dieser Situation ist zu Beginn des 20. Jahrhunderts tatsächlich etwas Neues entstanden: Nachdem über fast zwei Jahrtausende hinweg die Trennung der Kirchen immer weiter vorangeschritten war, entstand nun die ökumenische Bewegung. Deshalb wird das 20. Jahrhundert auch als ›*Jahrhundert der Ökumene*‹ bezeichnet.[22]

Natürlich hat es auch vorher schon Bestrebungen gegeben, die (sichtbare) Einheit der Kirche wiederherzustellen, und irenische Bemühungen begleiteten die Kirche durch ihre gesamte Geschichte hindurch. Hier kann man etwa auf die Unionspläne von GOTTFRIED WILHELM LEIBNIZ hinweisen, welche dieser Ende des 17. Jahrhunderts im Gespräch mit GERHARD MOLANUS, dem evangelischen Abt des Klosters Loccum, entwickelt hatte,[23] oder auf das Wirken von NIKOLAUS GRAF VON ZINZENDORF. Aber dies

---

[22] Vgl. KOSLOWSKI, JUTTA: Ökumene im Aufbruch – Die Entwicklung der ökumenischen Bewegung im 20. Jahrhundert In: KAPPES, MICHAEL u.a. (Hg.): Basiswissen Ökumene, Bd. 1: Ökumenische Entwicklungen – Brennpunkte – Praxis, Leipzig/Paderborn (Evangelische Verlagsanstalt/Bonifatius Verlag) 2017, S. 17–36.
[23] LEIBNIZ, GOTTFRIED WILHELM: Über die Reunion der Kirchen. Auswahl und Übersetzung, Hg. WINTERSWYL, LUDWIG, Freiburg 1939.

blieben stets die Initiativen von Vordenkern, die als *Einzelne* handelten und denen gesamtkirchliche Anerkennung versagt blieb.

Dies änderte sich zu Beginn des 20. Jahrhunderts, als die moderne ökumenische Bewegung entstand. Dafür gibt es viele Gründe: Zum einen steht die Ökumene in engem Zusammenhang mit der *Missionsbewegung*. Deshalb wird der Beginn der ökumenischen Bewegung mit der ersten *Weltmissionskonferenz* in Zusammenhang gebracht, die im Jahr 1910 in Edinburgh abgehalten worden ist.[24] Die Weltmission wiederum war durch die Ausbreitung des *Kolonialismus* und durch den Beginn der *Globalisierung* befördert worden: Moderne technische Errungenschaften eröffneten ganz neue Möglichkeiten im Hinblick auf Transport und Kommunikation. So ist es kein Zufall, dass sich in dieser Zeit der Horizont weitete und die Welt als Ganze in den Blick kam. Fortschrittsgläubigkeit, aber auch ein deutliches Gespür für die bevorstehende Umbruchzeit prägten die Botschaft, welche die Weltmissionskonferenz an die weltweite Christenheit aussandte: »The present time is the time of all times for the Church to undertake with quickened loyalty and sufficient forces to make Christ known to all the non-Christian world. It is an opportune time. Never before has the whole world-field been so open and so accessible. Never before has the Christian Church faced such a combination of opportunities among both primitive and cultured peoples. It is a critical time. The non-Christian nations are undergoing great changes. Farreaching movements are shaking the non-Christian nations to their foundations. [...] It is a testing time for the Church. [...] Nothing less than the adequacy of Christianity as a world religion is on trial. This is a decisive hour for Christian missions.«[25]

---

[24] Vgl. hierzu und zu der folgenden Entwicklung das Schaubild zu den Quellen der ökumenischen Bewegung im Anhang.
[25] World Missionary Conference, 1910: To consider Missionary Problems in relation to the Non-Christian World, Bd. 1: Report of

Auf dem Missionsfeld waren sich Prediger begegnet, die den unterschiedlichsten Denominationen angehörten. Während ihre jeweiligen Kirchen im Heimatland miteinander konkurrierten, verloren solche Unterschiede in der Fremde ihre Bedeutung. Viel wichtiger war es für die Missionare, die oft wenig Kontakt zur Außenwelt hatten und unter schwierigen Bedingungen arbeiteten, auf andere ›weiße Männer‹ zu treffen; in den Europäern fanden sie Gleichgesinnte. Und warum sollten die dogmatischen Streitigkeiten der abendländischen Christenheit nach Schwarzafrika oder Ostasien exportiert werden? Wie kann die Botschaft des christlichen Glaubens überzeugen, wenn ihre Vertreter miteinander uneins sind?

Auf der Weltmissionskonferenz hatte man sich das hohe Ziel gesteckt, innerhalb der nächsten zehn Jahre eine christliche Kirche in allen bisher noch unerreichten Volksgruppen zu gründen. Stattdessen brach kurze Zeit später der Erste Weltkrieg aus, und die tiefgreifenden Umwälzungen welche die ›Väter von Edinburgh‹ vorausgesehen hatten, trafen ein. Die internationale Missionsarbeit wurde dadurch behindert, aber die Zusammenarbeit zwischen den Kirchen setzte sich fort. Durch die Erschütterungen des Ersten Weltkriegs war deutlich geworden, dass die Welt eine internationale Friedensordnung braucht, und im Jahr 1920 wurde der *Völkerbund (League of Nations)* gegründet. Analog dazu schlug der Ökumenische Patriarch DOROTHEOS I. von Konstantinopel in seinem Sendschreiben ›An die Kirchen Christi überall‹ vom Januar 1920 vor, einen ›Kirchenbund‹ zu gründen.[26] Dieses Vorhaben wurde zwar nicht in die Tat umgesetzt, kann aber als eine Art Vorläufer für den 1948 gegründeten Ökumenischen Rat der Kirchen betrachtet

---

Comission I. Carrying the Gospel to all the Non-Christian World. With Supplement: Presentation and Discussion of the Report in the Conference on 15th June 1910, Edinburgh/New York [ca. 1910], S. 362 f.

[26] *An die Kirchen Christi überall* [Enzyklika des Ökumenischen Patriarchats in Konstantinopel/1920]. In: PATELOS, CONSTANTIN (Hg.): The Orthodox Church in the Ecumenical Movement. Documents and Statements 1902–1975, Genf 1978, S. 40–43.

werden (ähnlich wie der Völkerbund zwar wieder unterging, aber durch die Gründung der Vereinten Nationen 1945 fortgeführt wurde).

In Edinburgh hatten sich zwei unterschiedliche Ansätze herausgebildet, wie die Einheit der Christen befördert werden kann: Die einen vertraten die Ansicht, dass man sich nicht mit Lehrdifferenzen beschäftigen, sondern stattdessen durch praktische Zusammenarbeit aufeinander zugehen sollte. »Die Lehre trennt – der Dienst eint« lautete das Motto der von ihnen gegründeten ›Bewegung für Praktisches Christentum‹ (Life and Work). Andere wandten ein, dass Christen sich aufgrund von lehrmäßigen Fragen getrennt hätten und es wenig aussichtsreich sei, diese zu verleugnen; sie gründeten deshalb die ›Kommission für Glauben und Kirchenverfassung‹ (Faith and Order). In beiden Richtungen hatten übrigens zu Beginn der ökumenischen Bewegung Mitglieder der Anglikanischen Kirche eine wichtige Führungsrolle inne. Die Anglikanische Kirche verstand sich seit ihren Anfängen als via media zwischen katholischer und evangelischer Tradition und sah sich dazu berufen, eine gewisse Mittlerrolle einzunehmen. Im sogenannten ›Lambeth Quadrilateral‹ von 1888 (benannt nach dem Lambeth Palace in London, wo die Beratungen stattfanden) waren vier Grundbedingungen formuliert worden, welche für die Wiederherstellung der kirchlichen Einheit unaufgebbar sind: 1. die Bibel als Grundlage, 2. das Glaubensbekenntnis von Nizäa-Konstantinopel, 3. die beiden Sakramente Taufe und Abendmahl und 4. die Fortführung des historischen Episkopats (d.h. die Weitergabe der sogenannten ›Apostolischen Sukzession‹ durch Handauflegung bei der Ordination von Bischöfen). Innerhalb dieses Rahmens (der in Bezug auf die konkrete Ausgestaltung viel Freiheit lässt) vollzog sich das Engagement der Anglikanischen Kirche bei Faith and Order.

Nach dem Ersten Weltkrieg gab es Vollversammlungen von Life and Work in Stockholm/1925 und in Oxford/1937, sowie von Faith and Order in Lausanne/1927 und in Edinburgh/1937. Es war für die ökumenische Bewegung von großer Wichtigkeit zu erkennen, dass diese Ansätze sich letztlich nicht ausschließen, sondern zusammengehören. Auf den Konferenzen von 1937 (die an benachbarten Orten zu aufeinander folgenden Terminen stattfanden und an denen teilweise die gleichen Delegierten teilnahmen) wurde daher beschlossen, beide Strömungen der ökumenischen Bewegung miteinander zu vereinen. Dieses Vorhaben wurde durch den Zweiten Weltkrieg abermals unterbrochen, aber nicht verhindert. Im Gegenteil: Durch den Krieg sind Christen – auch über die Grenzen verfeindeter Staaten hinweg – noch näher zusammengerückt, und konfessionelle Unterschiede verloren an Bedeutung. Es gibt zahlreiche Berichte darüber, wie sich etwa französische Katholiken und anglikanische Briten in den Schützengräben begegnet sind oder wie Häftlinge in Konzentrationslagern mit einem mühsam aufgesparten Stückchen Brot und einem Schluck Wasser heimlich miteinander Abendmahl gefeiert haben. Im Jahr 1948 konnte schließlich in Amsterdam durch den Zusammenschluss von *Life and Work* mit *Faith and Order* der Ökumenische Rat der Kirchen (ÖRK, engl. *World Council of Churches*, abgekürzt WCC) gegründet werden und seine erste Vollversammlung abhalten. Seitdem finden solche Vollversammlungen, welche das oberste Leitungsorgan des ÖRK bilden, etwa alle sieben Jahre statt – bisher in Evanston/1954, Neu-Delhi/1961, Uppsala/1968, Nairobi/1975, Vancouver/1983, Canberra/1991, Harare/1998, Porto Alegre/2006 und Busan in Südkorea/2013. Die nächste Vollversammlung des ÖRK soll im Jahr 2021 mit Deutschland als Gastgeber in Karlsruhe stattfinden.

Auf der Vollversammlung des ÖRK in Neu-Delhi hat sich auch die dritte Strömung der ökumenischen Bewegung mit den anderen beiden vereinigt, nämlich der Internationale Missionsrat (*International Missionary Council*), der ebenfalls 1910 in Edinburgh gegründet worden war. Außerdem traten hier auch viele orthodoxe Kirchen dem ÖRK bei, sodass er sich über die protestantische

Welt hinaus ausweitete. Allerdings erfüllte sich die nach dem Zweiten Vatikanischen Konzil kurzfristig aufgekeimte Hoffnung nicht, dass auch die katholische Kirche dem ÖRK beitreten würde. Sie arbeitet lediglich in der (immer noch eigenständig arbeitenden) *Kommission für Glauben und Kirchenverfassung* als Vollmitglied mit und beschränkt sich ansonsten auf einen Beobachterstaus. Das hat zum einen praktische Gründe: Allein aufgrund ihrer Mitgliederzahl könnte die katholische Kirche alle anderen Mitgliedskirchen im ÖRK dominieren. Für diese Entscheidung gibt es aber auch eine ekklesiologische[27] Ursache, denn der katholischen Kirche fällt es schwer, andere als »Kirchen im eigentlichen Sinn« anzuerkennen.[28] Dies trifft im Übrigen auch auf orthodoxe Kirchen zu, sodass einige von ihnen inzwischen wieder aus dem ÖRK ausgetreten sind oder offen darüber nachdenken.

Auf der nächsten Vollversammlung in Uppsala/1968 schloss sich schließlich noch der *World Council of Christian Education* dem ÖRK an. Dennoch sollte man sich vor Augen halten, dass die ökumenische Bewegung größer ist als der Ökumenische Rat der Kirchen. Dieser versteht sich ganz bewusst selbst nicht als Kirche, sondern als »Gemeinschaft von Kirchen, die den Herrn Jesus Christus gemäß der Heiligen Schrift als Gott und Heiland bekennen und darum gemeinsam zu erfüllen trachten, wozu sie berufen sind, zur Ehre Gottes, des Vaters, des Sohnes und des Heiligen Geistes.«[29] Die Ökumene vollzieht sich nicht nur auf globaler Ebene, sondern ist

---

[27] Ekklesiologie (von griech. *ekklesia*, d.h. Kirche) ist innerhalb der christlichen Dogmatik die Lehre von der Kirche, d.h. das Nachdenken der Kirche über sich selbst und ihren Auftrag.

[28] So die umstrittene Formulierung in dem vatikanischen Dokument *Dominus Iesus*: Kongregation für die Glaubenslehre: Dominus Iesus (Verlautbarungen des Apostolischen Stuhls, Nr. 148), Bonn 2000, Nr. 17.

[29] So die sogenannte ›Basis‹ der Verfassung des ÖRK (seit ihrer Erweiterung in Neu-Delhi/1961). Die Anerkennung dieser Basis (nicht jedoch die Anerkennung der anderen Mitglieder als ›Kirchen‹!) ist die zentrale Voraussetzung für die Mitgliedschaft im ÖRK.

auch kontinental, national, regional und lokal organisiert. Für Christen in Deutschland ist deshalb z.B. Gemeinschaft Evangelischer Kirchen in Europa (GEKE, früher ›Leuenberger Kirchengemeinschaft‹) und die Konferenz Europäischer Kirchen in Europa (KEK) maßgebend, sowie der Rat der Europäischen Bischofskonferenzen (CCEE). Einen nationalen Kirchenrat (wie in den meisten anderen Ländern) gibt es in Deutschland nicht, dafür die *Arbeitsgemeinschaft christlicher Kirchen in Deutschland* (ACK), in der auch die katholische Kirche Mitglied ist. Und natürlich sind für die gelebte Ökumene vor Ort regionale Zusammenschlüsse und vor allem die konkrete Zusammenarbeit der jeweiligen Gemeinden maßgeblich. In Deutschland gibt es z.B. mancherorts *Simultangemeinden*, wo eine katholische und evangelische Pfarrei Kirchengebäude und Gemeindehaus gemeinsam nutzen und auf verschiedene andere Weise zusammenarbeiten. Aufgrund der Migration von Menschen aus Osteuropa und dem Nahen Osten hat die Zahl von orthodoxen Christen in Deutschland stark zugenommen, und auch hier gibt es vielfältige ökumenische Kontakte und gelebte Gastfreundschaft, z.B. durch die Überlassung von Kirchengebäuden.

Für die Organisation der weltweiten Ökumene ist nicht nur der ÖRK bedeutsam, sondern auch die *konfessionellen Weltbünde*, wie etwa der Lutherische Weltbund, der Reformierte Weltbund, der Baptistische Weltbund usw. Denn die Ökumene hat nicht nur eine trans-konfessionelle Bedeutung, sondern darüber hinaus innerhalb jeder einzelnen Konfession eine trans-nationale Dimension. Das Wort *oikoumene* bezeichnete ja ursprünglich die gesamte bewohnte Erde – überall dort, wo Häuser (griech. *oikos*) stehen. Wenn sich also Lutheraner in Uganda mit Glaubensgeschwistern aus Schweden begegnen, ist dies für die Einheit der Kirche genauso bedeutsam wie beispielsweise der Dialog zwischen Lutheranern und Baptisten in Schweden. Die Herausforderung zur Einheit in Vielfalt bezieht sich nicht nur auf das Verhältnis zwischen den Kirchen *(interkonfessioneller Dialog)*, sondern ebenso auf den Austausch innerhalb jeder einzelnen Kirche *(intrakonfessioneller Dialog)*. Und die Konfliktlinien verlaufen hierbei keineswegs einheitlich, sondern können sich überschneiden: So gibt es zwischen evangelischen und katholischen Christen, die sich an der Basis ihrer Kirche für Gerechtigkeit, Frieden und Bewahrung der Schöpfung einsetzen,[30] vermutlich mehr Gemeinsamkeiten, als zwischen solchen Katholiken und Anhängern der erzkonservativen katholischen Bewegung ›Opus Dei‹.

---

[30] Dies ist die Bezeichnung für den ›konziliaren Prozess‹, der 1983 auf der ÖRK-Vollversammlung in Vancouver ins Leben gerufen worden ist (s.u. Kapitel V. 7).

III. Was uns antreibt:
Die Motivation
der ökumenischen Bewegung

›Ökumene‹ genießt ein positives Image – ähnlich wie bei Abrüstung, vegetarischer Ernährung oder interreligiösem Dialog zweifelt hierzulande kaum jemand daran, dass es sich dabei um eine gute Sache handelt. Dies scheint so selbstverständlich, dass sich manchmal gar nicht leicht begründen lässt, *warum* Menschen sich für die Ökumene einsetzen.[31] Dabei ist ökumenisches Engagement keineswegs einfach, denn man hat gegen viele Widerstände zu kämpfen und braucht einen langen Atem. Umso mehr stellt sich die Frage nach der *Motivation*.[32] Manches wurde dazu im vorausgehenden Kapitel über die Entstehungsgeschichte der ökumenischen Bewegung bereits gesagt. Über diese *historischen* Gründe hinaus gibt es noch eine weitere wichtige Dimension, nämlich die *spirituelle* Motivation. Sie liegt vor allem in der *Bibel* begründet – und das ist kein Zufall: Ähnlich wie die exponentielle Entstehung von Kirchen ein Phänomen ist, das vor allem in der evangelischen Christenheit zu finden ist, so ist auch das Streben nach Überwindung der Trennung dort beheimatet. Und für die evangelische Christenheit ist die Bibel die entscheidende Quelle der Inspiration.

Die *Magna Charta* der ökumenischen Bewegung steht in Joh 17, 21. Dort betet Jesus kurz vor seinem Tod im sogenannten ›hohepriesterlichen Gebet‹ für seine Jünger, dass »sie alle eins seien, wie du, Vater, in mir und ich in dir, dass auch sie in uns eins seien, damit die Welt glaube, dass

---

[31] Vgl. KOSLOWSKI, JUTTA (Hg.): Ökumene – wozu? Antworten auf eine Frage, die noch keiner gestellt hat, Moers 2010.
[32] Vgl. KOSLOWSKI, JUTTA: Was bewegt die ökumenische Bewegung? – Eine Reflexion über die Motivation ökumenischen Handelns. In: Catholica, Jg. 67, Ht. 2, 2013, S. 143–160.

du mich gesandt hast.« Die Einheit der Christen soll also nicht weniger innig sein als die Gemeinschaft, die Jesus mit seinem Vater im Himmel verbindet – ein sehr hoher Anspruch, der für die ökumenische Bewegung immer wieder zum Ansporn geworden ist. Neben dieser *fundamentalen* Aussage kommt in diesem Bibelvers noch ein *funktionaler* Aspekt zur Sprache: »damit die Welt glaube«, also um der öffentlichen Glaubwürdigkeit (bzw. des missionarischen Zeugnisses) willen sollen sich die Christen um Einheit bemühen. Oder, wie es die Vollversammlung von *Life and Work* in Stockholm/1925 in ihrer Botschaft ausdrückte: »The world is too strong for a divided Church.«[33]

Daneben gibt es noch zahlreiche weitere biblische Ermahnungen zur Einheit der Kirche. Zu den wichtigsten Aussagen gehört wohl der Vergleich der christlichen Gemeinde mit dem menschlichen Körper, wie ihn PAULUS in Röm 12, 3–7, Eph 4, 11–16 und vor allem in 1. Kor 12, 12–27 entfaltet: »Denn wie der Leib *einer* ist und viele Glieder hat, alle Glieder des Leibes aber, obwohl viele, ein Leib sind: so auch der Christus. Denn in *einem* Geist sind wir alle zu *einem* Leib getauft worden, es seien Juden oder Griechen, es seien Sklaven oder Freie, und sind alle mit *einem* Geist getränkt worden. Denn auch der Leib ist nicht *ein* Glied, sondern viele. Wenn der Fuß spräche: Weil ich nicht Hand bin, gehöre ich nicht zum Leib; gehört er deswegen nicht zum Leib? Und wenn das Ohr spräche: Weil ich nicht Auge bin, gehöre ich nicht zum Leib; gehört es deswegen nicht zum Leib? Wenn der ganze Leib Auge wäre, wo wäre das Gehör? Wenn ganz Gehör, wo der Geruch? Nun aber hat Gott die Glieder bestimmt, jedes einzelne von ihnen am Leib, wie er wollte. [...] Gerade die Glieder des Leibes, die schwächer zu sein scheinen, sind notwendig [...]. Aber Gott hat den Leib zusammengefügt

---

[33] Vgl. DEIßMANN, ADOLF: Die Stockholmer Weltkirchenkonferenz. Vorgeschichte, Dienst und Arbeit der Weltkonferenz für Praktisches Christentum 19. – 30. August 1925, Berlin 1926, S. 685.

und dabei dem Mangelhafteren größere Ehre gegeben, damit keine Spaltung im Leib sei, sondern die Glieder dieselbe Sorge füreinander hätten. Und wenn *ein* Glied leidet, so leiden alle Glieder mit; oder wenn *ein* Glied verherrlicht wird, so freuen sich alle Glieder mit. Ihr aber seid Christi Leib und, einzeln genommen, Glieder.«

Dies ist ein fundamentales Bekenntnis zur Unterschiedlichkeit und zugleich Zusammengehörigkeit innerhalb der christlichen Kirche: Die einzelnen Gläubigen, Gemeinden und Kirchen sollen ebenso untrennbar miteinander verbunden sein, wie Organe in einem Körper – obwohl sie völlig verschiedene Aufgaben und Gestalt haben können. Diese ›organische‹ Verbundenheit ist nicht nur ein theoretischer Anspruch, sondern sie entsteht durch einen ständigen lebendigen Austausch (ähnlich wie das Blut in unseren Adern zirkuliert). Christen lassen sich deshalb beispielsweise zu Gemeindepatenschaften zwischen dem *Global North* und *Global South* herausfordern oder zu gemeinsamen Aktionen (wie z.B. den alljährlichen Kinderbibelwochen) von benachbarten Gemeinden.

Man kann das Bild von der Kirche als Leib Christi auch umdrehen und sich fragen: Was bedeutet dann eigentlich eine ›Kirchenspaltung‹? Nichts weniger, als dass dieser Leib gewaltsam zerteilt wird! Dies führt zum Tod des gesamten Organismus (oder zumindest eines Teils davon – wenn ein Körperteil z.B. infolge eines Unfalls abgetrennt wird, so stirbt es unweigerlich ab). Wenn man sich bewusst macht, dass die Kirche von PAULUS mit Christus identifiziert wird, so wird durch ein Schisma nicht nur die Kirche zerstört, sondern Christus selbst wird getötet – sein gewaltsamer Kreuzestod wird sozusagen metaphysisch wiederholt und verewigt. Hält man sich diese dramatische und drastische Aussage vor Augen, kann man verstehen, dass die Tatsache der Kirchenspaltung immer wieder verleugnet worden ist und die Theologie bei der Behauptung Zuflucht genommen hat, die Einheit der Kirche sei unzerstörbar (so wie der ›ungeteilte Rock‹ Christi am Kreuz; vgl. Joh 19, 23.24).

Eine besondere Herausforderung ist auch die Aussage, dass gerade die schwächsten Glieder für den Leib Christi von besonderer Wichtigkeit sind. Übertragen auf die Gemeinde bedeutet dies, dass jenen, die Anlass zum Ärger geben (und sich wahrscheinlich in einer Minderheitssituation befinden), Respekt entgegengebracht werden soll – denn die Art des Umgangs mit ihnen ist der Prüfstein für die Qualität der Gemeinschaft. Es tun sich Abgründe auf, wenn man diesen Anspruch mit der Realität der Kirchengeschichte vergleicht, wo Andersglaubende nur allzu oft ausgegrenzt, verflucht[34] und verfolgt worden sind – wobei man auch vor der Anwendung brutaler Gewalt nicht zurückschreckte.

Und auch die Worte »Wenn *ein* Glied leidet, dann leiden alle Glieder mit« haben es in sich: Wie stark nehmen wir Anteil an den Nöten von Partnerkirchen in armen Ländern, wo die Gemeindeglieder z.B. von Missernten, Hungern oder Bürgerkrieg betroffen sind? Haben wir ›Mitleid‹ empfunden, als im April 2015 mehr als 30 koptische Christen am Mittelmeerstrand von IS-Terroristen vor laufender Kamera enthauptet worden sind? Haben wir überhaupt davon Notiz genommen?

Eine weitere Aufforderung zur Einheit stammt ebenfalls von PAULUS und findet sich in 1. Kor 3, 3–11: »Wo Eifersucht und Streit unter euch ist, seid ihr da nicht fleischlich und wandelt nach Menschenweise? Denn wenn einer sagt: Ich bin des Paulus, der andere aber: Ich des Apollos – seid ihr nicht menschlich? Was ist denn Apollos? Und was ist Paulus? Diener, durch die ihr gläubig geworden seid, und zwar wie der Herr einem jeden gegeben hat. Ich habe gepflanzt, Apollos hat begossen, Gott aber hat das Wachstum gegeben. So ist weder der da pflanzt etwas, noch der da begießt, sondern Gott, der das Wachstum gibt. Der aber pflanzt und der begießt, sind eins; jeder aber wird seinen eigenen Lohn empfangen nach seiner

---

[34] Auch hierfür konnte man sich auf Aussagen des Apostels PAULUS berufen; vgl. Gal 1, 8 u.ö.

eigenen Arbeit. Denn Gottes Mitarbeiter sind wir; Gottes Ackerfeld, Gottes Bau seid ihr. Nach der Gnade Gottes, die mir gegeben ist, habe ich als ein weiser Baumeister den Grund gelegt; ein anderer aber baut darauf; jeder aber sehe zu, wie er darauf baut. Denn einen anderen Grund kann niemand legen außer dem, der gelegt ist, welcher ist Jesus Christus.«

Hier wird deutlich gemacht, dass die Auseinandersetzungen innerhalb der Gemeinde mit *Rechthaberei und Streitsucht* zu tun haben – auch wenn die Kontrahenten für sich in Anspruch nehmen, für die Wahrheit des Glaubens zu kämpfen. Die Wirksamkeit nicht-theologischer Faktoren (allen voran das Streben nach Macht) bei der Entstehung von Kirchenspaltungen kommt in den Blick; auch dies eine wichtige Botschaft für den ökumenischen Dialog. Denn hier wird allzu oft behauptet, es gehe allein um die ›Wahrheit‹; diese aber sei ›nicht verhandelbar‹ und kein Gegenstand von Abstimmungen und Kompromissen. Dies mag in Bezug auf die Wahrheit zwar zutreffen; dennoch muss man sich selbstkritisch hinterfragen, wo es tatsächlich um die Wahrheit geht und ob Mehrheitsentscheidungen und Kompromissbereitschaft nicht auch und gerade bei Kirchenunionsverhandlungen ein wichtiger Faktor für den Erfolg sein könnten.

In dieser Bibelstelle wird außerdem klar gesagt, dass keine verschiedenen Richtungen in der Kirche entstehen sollen, die sich gar nach ihren Anführern benennen – auch dies steht in deutlichem Kontrast zur nachfolgenden geschichtlichen Entwicklung, wo zahlreiche Konfessionen, Denominationen oder ›Sekten‹[35] nach den Namen ihrer

---

[35] Die Bezeichnung Sekte kann aus dem lateinischen *sequi* (ich folge) oder *secta* (Abschnitt) hergeleitet werden; der Begriff steht hier in Anführungszeichen, weil er problematisch ist: Ob eine Gruppe als ›Sekte‹ betrachtet oder als ›Religionsgemeinschaft‹ anerkannt wird, hängt nicht zuletzt von ihrer zahlenmäßigen Größe ab und kann sich im Lauf der Zeit wandeln; außerdem erfahren neue Gedanken oft zunächst Misstrauen und Ablehnung. Andererseits gibt es auch Merkmale innerhalb einer bestimmten Gruppe, die ihre Charakterisierung als Sekte gerechtfertigt erscheinen lassen – insbesondere der Alleingültigkeitsanspruch

Schulhäupter benannt wurden oder sich selbst so bezeichnen (Arianer, Pelagianer, Waldenser, Hussiten, Lutheraner, Mennoniten u.v.a.m.).

Auch im katholischen Bereich wird die ökumenische Bewegung durch den geistlichen Ökumenismus motiviert – hier jedoch nicht so stark durch die Bibel geprägt, sondern eher durch die Aufforderung zum Gebet. Der französische Priester PAUL COUTURIER begründete im Jahr 1933 in Lyon die *Gebetswoche für die Einheit der Christen*, die inzwischen weltweit Anfang Januar von katholischen, evangelischen und orthodoxen Gläubigen begangen wird. Im Ökumenismusdekret *Unitatis Redintegratio* des 2. Vatikanischen Konzils heißt es dazu: Die »Bekehrung des Herzens und die Heiligkeit des Lebens ist in Verbindung mit dem privaten und öffentlichen Gebet für die Einheit der Christen als die Seele der ganzen ökumenischen Bewegung anzusehen; sie kann mit Recht geistlicher Ökumenismus genannt werden.«[36]

Ein weiteres grundlegendes Motiv für die ökumenische Bewegung (das quer durch alle Konfessionen seine Gültigkeit besitzt) besteht schließlich in der *Überwindung von Einseitigkeiten*. Der katholische Ökumeniker PETER NEUNER schreibt dazu: »Um die Fülle des christlichen Zeugnisses neu zu gewinnen, bedürfen die Kirchen der jeweils anderen Tradition, nicht um sich von ihr abzusetzen, sondern um sie zu integrieren. Nur die noch fremde Tradition kann vermitteln, was in der konfessionell verengten Sicht der Lehre und der Gestalt von Kirche und Frömmigkeit jeweils fehlt, kann diese Einseitigkeiten durch andere, vielleicht in Spannung zu ihr stehende Elemente ausgleichen. Um der Fülle, der Ausgewogenheit, der

---

(Exklusivismus). Wendet man jedoch dieses Kriterium an, so tragen auch anerkannte Religionsgemeinschaften nicht selten sektenhafte Züge.
[36] *Unitatis Redintegratio*, Nr. 8. In: RAHNER, KARL/VORGRIMLER, HERBERT (Hg.): Kleines Konzilskompendium. Sämtliche Texte des Zweiten Vatikanums, Freiburg [27]1998, S. 238.

Ausgeglichenheit willen müssen wir uns gegenseitig das sagen und sagen lassen, was wir in jeweils unserer Tradition vernachlässigt haben. [...] Ökumene ist notwendig, damit wir unsere konfessionellen Einseitigkeiten überwinden.«[37]

---

[37] NEUNER, PETER/KLEINSCHWÄRZER-MEISTER, BIRGITTA: Kleines Handbuch der Ökumene, Düsseldorf 2002, S. 19 f.

IV. Wohin die Reise geht:
Das Ziel
der ökumenischen Bewegung

Bisher haben wir manches bedacht über die Einheit der Kirche und ihre konfessionelle Aufteilung, über die Entstehung der ökumenischen Bewegung und die Motivation der Ökumene. Nun wollen wir uns der Frage zuwenden, welches *Ziel* das Bemühen um Ökumene eigentlich hat. Am Anfang war das den Beteiligten noch nicht so recht klar – man wusste nur, was man *nicht* mehr wollte, nämlich den Zustand gegenseitiger Ablehnung. Deshalb ging es zunächst einfach darum, sich unvoreingenommen kennen zu lernen. Im Verlauf eines intensiven theologischen Dialogs hat sich dann ein breiter Grundkonsens herausgebildet, worin das Ziel der Ökumene besteht. Es sind *vier Grundsätze im Einheitsverständnis*, an denen fast alle Kirchen festhalten (auch wenn sie im Einzelnen unterschiedliche Schlüsse daraus ziehen):

1.) Die Einheit ist für die Kirche *konstitutiv*.
2.) Die Einheit der Kirche ist zugleich *göttliche Gabe* wie auch *menschliche Aufgabe*.
3.) Die Einheit der Kirche muss *sichtbar* werden.
4.) Die Einheit der Kirche und ihre *Vielfalt* gehören zusammen.[38]

Diese vier gemeinsamen Überzeugungen sind in der sogenannten ›Einheitsformel‹ zusammengefasst, die auf der Vollversammlung des ÖRK in Neu-Delhi/1961 formuliert wurde. Dort heißt es: »*Wir glauben, dass die Einheit, die zugleich Gottes Wille und seine Gabe an die Kirche ist, sichtbar gemacht wird, indem alle an jedem Ort, die in Jesus Christus getauft sind und ihn als Herrn und Heiland bekennen, durch den Heiligen Geist in eine völlig verpflichtete Gemeinschaft geführt werden* […]. *Wir glauben, dass wir für solche Einheit beten und arbeiten müssen.* [...] Es ist uns

---

[38] Vgl. Koslowski: Die Einheit der Kirche, S. 477–493.

klar, dass Einheit nicht einfach Uniformität der Organisation, des Ritus oder der Lebensform bedeutet.«[39] Hinter diesen Grundkonsens sollte die Diskussion nicht mehr zurück gehen; darin sind sich alle einig.

Schwieriger ist die Frage, was die Anwendung dieser Prinzipien in der Praxis bedeutet. Hier gehen die Meinungen auseinander, sodass man nicht mehr von einem *Konsens*, sondern allenfalls von einer *Konvergenz* sprechen kann. Die *Divergenzen* bzw. sogar *Differenzen* beziehen sich dabei vor allem auf den dritten und vierten der genannten Punkte: In welchem Ausmaß und in welcher Weise soll die Einheit der Kirche sichtbar werden (d.h. institutionelle Gestalt annehmen)? Und wo sind die Grenzen zwischen (notwendiger) Einheit und (legitimer) Vielfalt jeweils konkret zu ziehen? Während es breite Zustimmung gibt, dass in *geographischer, sprachlicher, kultureller* und auch *spiritueller* Hinsicht Vielfalt erstrebenswert ist, bleibt umstritten, inwieweit auch im *dogmatischen* Bereich bleibende Verschiedenheit mit der Einheit der Kirche vereinbar ist. Im Jahr 1973 bedeutete es einen Durchbruch für die ökumenische Bewegung, als mit der sogenannten ›Leuenberger Konkordie‹[40] Kirchengemeinschaft zwischen *bekenntnisverschiedenen* Partnern, nämlich Lutheranern und Reformierten, geschlossen worden ist. Die Unterschiede in der Abendmahlslehre, die über Jahrhunderte hinweg zu erbitterten Auseinandersetzungen geführt hatten, wurden dabei nicht aufgehoben, jedoch nicht mehr als kirchentrennend betrachtet. Ein weiterer Meilenstein war die im ökumenischen Dialog entwickelte Methode des ›differenzierten Konsenses‹, wie sie erstmals 1999 bei der ›Gemeinsamen Erklärung zur Rechtfertigungslehre‹ zwischen Lutherischem Weltbund (LWB) und dem

---

[39] Visser't Hooft, Willem A. (Hg.): Neu-Delhi 1961. Dokumentarbericht über die Dritte Vollversammlung des Ökumenischen Rates der Kirchen, Stuttgart 1962, S. 130 f.
[40] Benannt nach dem Leuenberg bei Basel, wo die Verhandlungen stattfanden.

Päpstlichen Rat zur Förderung der Einheit der Christen mit Erfolg angewendet worden ist.

Die unterschiedlichen Akzentsetzungen, die im Hinblick auf das *Einheitsverständnis* vorgenommen werden, kommen in den jeweiligen *Einheitsmodellen* zum Ausdruck, welche in die Diskussion eingebracht worden sind (wir werden uns damit im Folgenden noch näher beschäftigen). Doch auch in Bezug auf die verschiedenen Einheitsmodelle gibt es gewisse Gemeinsamkeiten, an denen man festhalten kann: So besteht ein unauflöslicher *Zusammenhang zwischen Glaubensgemeinschaft, Kirchengemeinschaft und Abendmahlsgemeinschaft* (und zwar in dieser Reihenfolge: Glaubens- bzw. Bekenntnisgemeinschaft ist die Grundlage für Kirchengemeinschaft; diese wiederum findet ihre Vollendung in der Abendmahlsgemeinschaft). Kirchengemeinschaft lässt sich auch beschreiben als *Altar- und Kanzelgemeinschaft*. ›Altargemeinschaft‹ weist dabei wiederum auf Abendmahlsgemeinschaft hin (weil das Abendmahl ja am Altar gefeiert wird). Oft wird das Abendmahl als höchster Ausdruck von Gemeinschaft auch stellvertretend für die umfassendere *Sakramentsgemeinschaft* genannt. Die beiden Hauptsakramente, welche bei fast allen Kirchen anerkannt werden, sind *Taufe und Abendmahl*. Sakramentsgemeinschaft schließt außer dem gemeinsamen Abendmahl also auch die gegenseitige Anerkennung der Taufe mit ein. Mit ›Kanzelgemeinschaft‹ ist zunächst die Austauschbarkeit von Amtsträgern gemeint (da sie ihre Predigt traditionell auf der Kanzel halten) – darüber hinaus steht dieser Begriff allgemein für die wechselseitige Anerkennung der Ämter. Die Amtsfrage hat sich schon seit langem als schwierigstes Problem im ökumenischen Dialog und nicht selten als unüberwindliches Hindernis für die Erklärung von Kirchengemeinschaft erwiesen. Insbesondere ist umstritten, ob eine *presbyteriale, synodale oder episkopale Kirchenverfassung* vorzuziehen ist bzw. ob die *apostolische Sukzession* der Bischöfe (griech. *episkopoi*) durch eine ununterbrochene Folge der Handauflegung bei der Ordination weitergegeben werden muss, oder ob sich die Treue zum apostolischen Ursprung eher an inhaltlichen Kriterien (also der Übereinstimmung in der Lehre) erweist. Schließlich wird auch bei solchen Kirchen, die eine apostolische Sukzession im geschichtlichen Sinn nachweisen können (wie etwa bei den Anglikanern) diskutiert, ob diese nun zum *esse* der Kirche gehört (d.h. konstitutiv ist) oder lediglich zum *bene esse* (d.h. als wünschenswert gilt).

Schließlich besteht auch Einigkeit darin, dass die Grundvollzüge der Kirche in den drei Dimensionen *leiturgia* (Gottesdienst), *martyria* (Bekenntnis) und *diakonia* (Dienst) zum Ausdruck kommen. Dies gilt für das Selbstverständnis jeder einzelnen Kirche ebenso wie für die Einheit zwischen den Kirchen, denn es besteht ein *Zusammenhang zwischen Ekklesiologie und Einheitsverständnis*. Der Aspekt der *diakonia* bedeutet, dass die Kirche kein Selbstzweck ist, sondern auf den gemeinsamen Dienst an der Welt ausgerichtet. Dies schließt die Zusammenarbeit im Bereich der Mission ein, sowie das soziale, gesellschaftliche und auch politische Engagement – also das, was zu Beginn der ökumenischen Bewegung als *Life and Work* bezeichnet worden ist.

Es gibt also einen gewissen Konsens, welche Kriterien ein Einheitsmodell erfüllen muss; er lässt sich in fünf Punkten zusammenfassen:

1.) Das Bekenntnis des christlichen Glaubens ist fundamentale Grundlage der Einheit.
2.) Die gegenseitige Anerkennung der Taufe ist elementares Zeichen der Verbundenheit.
3.) Die Gemeinschaft im Abendmahl ist höchste Verwirklichung der Gemeinschaft.
4.) Der gemeinsame Dienst ist unverzichtbarer Teil der christlichen Berufung.
5.) Die Gemeinsamkeit im Amt ist sichtbarer Ausdruck von Kirchengemeinschaft.

Dies sind die *fünf Grundelemente eines ökumenisch konsensfähigen Einheitsmodells*. Sie werden ebenfalls in der oben zitierten Einheitsformel von Neu-Delhi genannt: »Wir glauben, daß die Einheit [...] sichtbar gemacht wird, indem alle an jedem Ort, die in Jesus Christus getauft sind [...] in eine völlig verpflichtete Gemeinschaft geführt werden, die sich zu dem einen apostolischen Glauben bekennt, das eine Evangelium verkündigt, das eine Brot bricht, sich im gemeinsamen Gebet vereint und ein gemeinsames Leben führt, das sich in Zeugnis und Dienst an alle wendet. Sie sind zugleich vereint mit der gesamten Christenheit an allen Orten und zu allen Zeiten in der Weise, daß Amt und Glieder von allen anerkannt werden und daß alle gemeinsam so handeln und sprechen können, wie es die gegebene Lage im Hinblick auf die Aufgaben erfordert, zu denen Gott sein Volk ruft.«[41]

---

[41] VISSER'T HOOFT: Neu-Delhi 1961, S. 130. Hervorhebung im Original.

V. Viele Wege führen zum Ziel: Die verschiedenen Modelle der Einheit

Auch wenn man sich auf gewisse *Grundsätze im Einheits-verständnis* und *Grundelemente eines Einheitsmodells* einigen konnte, so gibt es doch ganz verschiedene Möglichkeiten, wie die Einheit der Kirche verwirklicht werden könnte. Weil die Frage nach der *praktischen Umsetzung* des ökumenischen Ziels in diesem Buch einen besonderen Schwerpunkt bildet, wollen wir uns nun genauer ansehen, welche verschiedenen Einheitsmodelle im Lauf des ›Jahrhunderts der Ökumene‹ entwickelt worden sind. Das sind eine ganze Menge, und deshalb können hier nicht alle zur Sprache kommen; aber die wichtigsten sollen wenigstens kurz genannt werden. Dabei handelt es sich um solche Modelle, die in offiziellen Dokumenten formuliert worden sind, also von Gremien und Institutionen wie etwa dem Ökumenischen Rat der Kirchen, *Faith and Order*, dem Lutherischen Weltbund, der Leuenberger Kirchengemeinschaft oder dem Päpstlichen Einheitsrat in der katholischen Kirche. Darüber hinaus gibt es noch zahlreiche weitere Vorschläge, die von einzelnen Fachleuten in die Diskussion eingebracht worden sind und auf die hier nicht näher eingegangen werden kann[42] (z.B. den Vorstoß ›Einigung der Kirchen – reale Möglichkeit‹ von HEINRICH FRIES und KARL RAHNER,[43] den Vorschlag der ›korporativen Wiedervereinigung‹ von HEINRICH TENHUMBERG,[44] das Modell ›Einheit durch Vielfalt‹ von

---

[42] Vgl. Näheres hierzu bei KOSLOWSKI: Die Einheit der Kirche, S. 292 - 337 (Kapitel ›Diskussionsbeiträge einzelner Theologen‹).

[43] FRIES, HEINRICH/RAHNER, KARL: Einigung der Kirchen – reale Möglichkeit. Erweiterte Sonderausgabe. Mit einer Bilanz »Zustimmung und Kritik« von HEINRICH FRIES (Quaestiones disputatae, Bd. 100), Freiburg 1985 [Erstveröffentlichung 1983].

[44] TENHUMBERG, HEINRICH: Kirchliche Union bzw. korporative Wiedervereinigung. Überlegungen zu Ziel und Bedeutung ökumenischer

OSCAR CULLMANN,[45] das Modell ›Ökumene in Gegensätzen‹ von ERICH GELDBACH[46] oder das ›Teilhabe-Modell‹ von WOLFGANG THÖNISSEN[47]). Wie im Vorwort gesagt, soll sich die Beschreibung der einzelnen Modelle jeweils an folgenden Fragen orientieren: *Wer* schlägt *was* vor und *warum* – und *warum hat es bisher nicht geklappt* – und *was müsste geschehen, damit dieses Modell in die Tat umgesetzt werden kann?*

1. Praktische Zusammenarbeit

Dieses Modell kirchlicher Einheit steht am Anfang der ökumenischen Bewegung. Es ist sozusagen theologisch das niederschwelligste und am einfachsten in die Tat umzusetzen. Deshalb ist es auch dasjenige unter den zahlreichen Einheitsmodellen, das am erfolgreichsten realisiert worden ist – auch wenn zweifellos noch viel mehr möglich wäre und es keine dogmatischen Gründe gibt, die dem im Wege stehen. So gibt es in Deutschland nach wie vor Parallelstrukturen in fast allen Bereichen diakonischer Arbeit (die ›Caritas‹ der katholischen Kirche und die ›Diakonie‹ der evangelischen Kirche, katholische und evangelische Krankenhäuser, Altenheime, Kindergärten, Beratungsstellen usw. – und für die internationale Entwicklungszusammenarbeit bitten sowohl die katholische Einrichtung ›Misereor‹ als auch das evangelische Werk ›Brot für die Welt‹ um Spenden). Die Fortexistenz dieser Strukturen wird damit gerechtfertigt, dass es zwischen beiden Konfessionen eben noch keine Kirchengemeinschaft gibt

---

Bestrebungen. In: DANIELSMEYER, WERNER/RATSCHOW, CARL HEINZ (Hg.): Kirche und Gemeinde [Festschrift HANS THIMME], Witten 1974, S. 22–33.
[45] CULLMANN, OSCAR: Einheit durch Vielfalt. Grundlegung und Beitrag zur Diskussion über die Möglichkeiten ihrer Verwirklichung, Tübingen ²1990.
[46] GELDBACH, ERICH: Ökumene in Gegensätzen (Bensheimer Hefte, Ht. 66), Göttingen 1987.
[47] THÖNISSEN, WOLFGANG: Gemeinschaft durch Teilhabe an Jesus Christus. Ein katholisches Modell für die Einheit der Christen, Freiburg 1996.

und dass für jede von ihnen das diakonische Engagement unverzichtbar ist. Außerdem wird behauptet, dass eine größere Vielfalt im Angebot entsteht und dieses vielleicht auch von mehr Menschen genutzt wird, wenn hier beide Volkskirchen aktiv sind (nach dem Motto ›Konkurrenz belebt das Geschäft‹). Doch andererseits lässt sich fragen, ob der damit verbundene erhöhte Verwaltungsaufwand zu verantworten ist (erst recht angesichts schwindender Mitgliederzahlen). Für die meisten Menschen macht es jedenfalls keinen Unterschied, ob ihre Kinder in einer evangelischen oder katholischen Tagesstätte betreut werden – wichtig ist ihnen, ›dass die Kirche etwas für die Menschen tut‹ und dass das Angebot qualitativ hochwertig und vom christlichen Menschbild geprägt ist. Außerdem widerspricht jede vermeidbare *Nicht-Verwirklichung* von praktischer Zusammenarbeit dem Grundsatz, den sich die Kirchen Europas in der *Charta Oecumenica* im Jahr 2001 selbst gegeben haben. Denn dort heißt es:»Wir verpflichten uns, auf allen Ebenen des kirchlichen Lebens gemeinsam zu handeln, wo die Voraussetzungen dafür gegeben sind und nicht Gründe des Glaubens oder größere Zweckmäßigkeit dem entgegenstehen«.[48]

Das Modell der praktischen Zusammenarbeit wurde zu Beginn der ökumenischen Bewegung von *Life and Work* propagiert.»Die Lehre trennt – der Dienst eint«, lautete das Motto; mit diesen Worten wollte man dazu aufrufen, die dogmatischen Streitigkeiten beiseite zu lassen und stattdessen gemeinsam den Auftrag an der Welt zu erfüllen, um wieder zusammenzuwachsen. In der Botschaft der ersten Weltkonferenz von *Life and Work* in Stockholm/1925 heißt es:»Je näher wir dem gekreuzigten Christus kommen, umso näher kommen wir einander, wie verschieden auch die Farben sein

---

[48] Konferenz Europäischer Kirchen in Europa/Rat der Europäischen Bischofskonferenzen: Charta Oecumenica. Leitlinien für die wachsende Zusammenarbeit unter den Kirchen in Europa. In: Materialdienst des Konfessionskundlichen Instituts, Jg. 52, 2001, S. 57–59, hier Nr. 4, S. 57.

mögen, in denen unser Glaube das Licht widerstrahlen lässt.«[49]

Das Modell der praktischen Zusammenarbeit legt den Schwerpunkt also nicht auf die *Orthodoxie*, sondern auf die *Orthopraxie*. Man könnte dies auch als ›horizontales‹ Verständnis der Kircheneinheit betrachten (im Unterschied zu den meisten anderen Modellen, welche eher die ›vertikale‹ Dimension der Einheit betonen, also die Bedeutung des Glaubens). Manchmal wird in diesem Zusammenhang auch von ›Sozialökumenismus‹ oder ›Säkularökumenismus‹ gesprochen. Der katholische Theologe JOHANN BAPTIST METZ hat dies auch als ›indirekte Ökumene‹ bezeichnet; er schreibt: »Das ökumenische Anliegen muss immer mehr die Gestalt der ›indirekten Ökumene‹ gewinnen. Der Zuwachs an theologischer Verständigung und christlicher Einheit wird nicht allein und nicht primär durch den unmittelbaren und direkten Dialog der Kirchen untereinander hervorgebracht, sondern durch die je eigene Auseinandersetzung der christlichen Kirchen und ihrer spezifischen Traditionen mit einem ›dritten Partner‹, nämlich mit den Problemen und Herausforderungen der Welt von heute.«[50] Und der Ökumeniker PAUL CROW bringt das Anliegen des Sozialökumenismus in deutlichen Worten zur Sprache: »The fundamental division in humankind, according to this model, is the alienation between the rich and the poor, between the oppressed and oppressors. The deepest divisive boundary line among Christians is, therefore, not between different confessional families.«[51]

Praktische Zusammenarbeit hat nicht nur in der Anfangszeit der ökumenischen Bewegung eine Rolle gespielt, sondern auch später Bedeutung gehabt – vor allem auf der 6. Vollversammlung des Ökumenischen Rates der

---

[49] DEIßMANN: Die Stockholmer Weltkirchenkonferenz, S. 687.
[50] METZ, JOHANN BAPTIST: Reform und Gegenreformation heute. Zwei Thesen zur ökumenischen Situation der Kirchen, Mainz 1969, S. 33.
[51] CROW, PAUL A.: Ecumenics as Reflections on Models of Christian Unity. In: AMIRTHAN, SAMUEL/MOON, CYRIS (Hg.): The Teaching of Ecumenics, Genf 1987, S. 16–29, hier S. 27.

Kirchen, die 1983 im kanadischen Vancouver abgehalten worden ist. Dort wurde der ›*konziliare Prozess für Gerechtigkeit, Frieden und Bewahrung der Schöpfung*‹ (engl. *Justice, Peace and Integrity of Creation*, JPIC) eröffnet, und alle Kirchen wurden dazu aufgerufen, sich in diesen wichtigen Bereichen gemeinsam zu engagieren. In der Folge sind in Gemeinden verschiedener Konfessionen zahlreiche ›Basisgruppen‹ entstanden – vor allem in Deutschland und insbesondere in Ostdeutschland fiel dieser Impuls auf fruchtbaren Boden und hat das Erscheinungsbild der Kirche dauerhaft verändert (und nicht zuletzt zur friedlichen Wiedervereinigung beigetragen). Auf der 10. Vollversammlung des ÖRK in Busan (Südkorea)[52] hat man dieses Anliegen wieder aufgegriffen, und alle Kirchen der Welt dazu eingeladen, sich an einem ökumenischen ›Pilgerweg für Gerechtigkeit und Frieden‹ (*Pilgrimage of Justice and Peace*) zu beteiligen.[53]

2. Organische Union

Das Modell der organischen Union steht in deutlichem Gegensatz zu demjenigen der praktischen Zusammenarbeit. Es wurde auch nicht von *Life and Work* entwickelt, sondern im Bereich der Kommission für Glauben und Kirchenverfassung (*Faith and Order*). Obwohl sich diese

---

[52] Vgl. dazu KOSLOWSKI, JUTTA: Die Vollversammlung des Ökumenischen Rates der Kirchen in Südkorea – ein Erfahrungsbericht. In: Korea-Info, Nr. 18, 2014, S. 9 f.; KOSLOWSKI, JUTTA: Praying Assembly – Das gottesdienstliche Leben auf der Zehnten Vollversammlung des Ökumenischen Rates der Kirchen. In: Junge Kirche, Jg. 75, 2014, S. 45 f.

[53]Vgl. KOSLOWSKI, JUTTA: »An Ecumenical Pilgrimage of Justice and Peace«: The Global Call of the 10th Assembly of the World Coucil of Churches. In: FIELD, DAVID/KOSLOWSKI, JUTTA (Hg.): Prospects and Challenges for the Ecumenical Movement in the 21st Century. Insights from the Global Ecumenical Theological Institute (Global Series, Bd. 12), Genf 2016, S. 67–81; KOSLOWSKI, JUTTA: Der »Ökumenische Pilgerweg für Gerechtigkeit und Frieden«: Ein weltweiter Aufruf der Zehnten Vollversammlung des Ökumenischen Rates der Kirchen. In: Catholica, Jg. 68, 2014, S. 276–287.

beiden Bewegungen durch die Gründung des Ökumenischen Rates der Kirchen miteinander vereinigt haben, führt *Faith and Order* bis heute ein gewisses Eigenleben innerhalb des ÖRK und konnte seine autonome Struktur innerhalb der Programmeinheit I (Einheit, Mission und ökumenische Beziehungen) bewahren. Der Name ›*organische* Union‹ weist auf das neutestamentliche Bild von der Kirche als Leib Christi und lebendiger Organismus hin, von dem oben bereits die Rede war; er will deutlich machen, dass es sich um eine tiefgreifende, ganzheitliche Verbindung von Kirchen verschiedener Konfession in einem bestimmten geographischen Gebiet handelt. Es geht also darum, *local unity* zu verwirklichen (zusätzlich *denominational unity*, die innerhalb der jeweiligen Kirchen bereits besteht).[54] Wenn Kirchen sich in organischer Union zusammenschließen, dann bedeutet dies, dass sie ihre bisherige eigenständige Identität aufgeben und fortan einen gemeinsamen Namen tragen; in dieser neuen Institution besteht für alle Bekenntnis- und Sakramentsgemeinschaft sowie volle Anerkennung und Austauschbarkeit der Ämter. Außerdem gibt es *Gütergemeinschaft*, d.h. dass alle Besitztümer und Einkünfte gemeinsam sind und diakonische Einrichtungen in gemeinsamer Trägerschaft verwaltet werden.

Auf der ersten Weltmissionskonferenz in Edinburg/1910 stand organische Union noch mit einer weiteren Auffassung in Konkurrenz, nämlich mit dem Modell der föderativen Union (mit dem wir uns im folgenden Kapitel beschäftigen wollen). Im Report der Kommission VIII ›Co-operation and the Promotion of Unity‹ werden beide Ansätze einander gegenübergestellt: »The first endeavours to combine, in a close and organic union, churches which have similar antecedents or share a common polity.

---

[54] World Missionary Conference, 1910: To consider Missionary Problems in relation to the Non-Christian World, Bd. 7: Report of Comission VIII. Co-Operation and the Promotion of Unity. With Supplement: Presentation and Discussion of the Report in the Conference on 21th June 1910, Edinburgh/New York [ca. 1910], S. 117.

[...] It is obvious that for the present such a union must be mainly confined to bodies belonging to the same ecclesiastical order. [...] The second method aims at combining in a free federation all the Christian communities in a particular area, and has regard to geographical relations more than to ecclesiastical affinities.«[55] Die Kommission vermied es sorgfältig, für eines dieser beiden Modelle Partei zu ergreifen, sondern beschrieb ihre jeweiligen Stärken und Schwächen. Das Anliegen der Befürworter von organischer Union wurde folgendermaßen zusammengefasst: »The plan of promoting unity which commends itself to their mind is one that, while it seems to be more difficult, more protracted in its working and more costly, [it] appears also safer and more truly conductive to the health of the Church of Christ.«[56] Dieses Modell erscheint also als das anspruchsvollste und weitreichendste von allen Einheitsvorstellungen, und deshalb scheint es fast wie ein Wunder, wenn es verwirklicht wird – schon allein deshalb, weil es der Selbsterhaltungstendenz von Institutionen entgegensteht. »Prayer is needed, because human wisdom can discern no remedy for the situation. Unity when it comes must be something richer, grander, more comprehensive than anything which we can see at present. It is something, into which and up to which we must grow, something of which and for which we must become worthy.«[57]

Trotz aller damit verbundenen Schwierigkeiten ist es verschiedentlich gelungen, mehrere Kirchen in einer bestimmten Region durch organische Union zu einer neuen Körperschaft zu vereinen. Das erste Mal gelang dies 1925, als die *United Church of Canada* durch den Zusammenschluss von Kongregationalisten, Presbyterianern und Methodisten entstanden ist. 1927 folgte die *Church of Christ in China* (unter Beteiligung von Kongregationalisten, Presbyterianern, Baptisten, Methodisten und

---

[55] Ebd., S. 87.
[56] Ebd., S. 136 f.
[57] Ebd., S. 138.

Brüder-Unität); 1938 schlossen sich vier kleinere reformierte Kirchen zur ›Reformierten Kirche Frankreichs‹ zusammen u.a.m. Besonders bemerkenswert ist die Gründung der *Church of South India* im Jahr 1947 (1961 gefolgt von der *Church of North India*), weil hier auch Anglikaner beteiligt waren – also eine Konfession, deren Selbstverständnis von den anderen Beteiligten deutlich verschieden ist. Insgesamt lässt sich feststellen, dass sich Kirchen mit einer *kongregationalistischen* oder *presbyterialen* Verfassung (wo die Eigenständigkeit jeder einzelnen Ortsgemeinde betont wird) viel leichter dem Modell der organischen Union anschließen können, also solche mit *episkopaler* Kirchenverfassung (bei denen die apostolische Sukzession im Bischofsamt als konstitutiv gilt – also Anglikaner, Orthodoxe und Katholiken). Die katholische Kirche, welche das episkopale Prinzip noch gesteigert hat und über eine *papale* Kirchenverfassung verfügt, hat sich deshalb an Kirchenunionsverhandlungen nicht beteiligt.

Das aktuellste Beispiel für die Verwirklichung von Organischer Union in unserer Nachbarschaft ist die Gründung der Protestantischen Kirche in den Niederlanden, die 2004 aus der *Nederlandse Hervormde Kerk* und der *Gereformeerde Kerken in Nederland* (unter Beteiligung einer kleinen lutherischen Minderheit) hervorgegangen ist. Schon die Namen der beteiligten Kirchen machen deutlich, wie nahe sie sich stehen und dass es sich dabei eigentlich nicht um verschiedene Konfessionen, sondern um Denominationen handelt (also solche Kirchen, die sich fast nur ›dem Namen nach‹ unterscheiden). *Samen op Weg* (›Zusammen auf dem Weg‹[58]) heißt die neu entstandene Gemeinschaft – dass soll deutlich machen, dass organische Union nicht in sich abgeschlossen ist, sondern ein *Prozess*, bei dem man sich miteinander auf den Weg macht, um immer mehr zusammenzuwachsen. Deshalb wird in der Ökumene auch von ›*united and uniting*

---

[58] Dies erinnert an einen der ältesten Namen für die Christen, die als Menschen ›des Weges‹ bezeichnet worden sind (vgl. Apg 9, 2,19, 23).

Churches‹ gesprochen. Die Kirchenunion in den Niederlanden macht aber auch die Grenzen dieses Einheitsmodells deutlich, denn der Weg dorthin hat viele Kräfte gebunden und lange Jahre gedauert, in denen die Kirche vor allem mit internen Fragen beschäftigt war. Kritiker bemängeln, dass die Kirche sich dadurch zu sehr um sich selbst gedreht hat. Auch kann man fragen, ob diese Kirchenunion vor allem dem Wunsch nach Einheit entspricht oder ob sie eher eine Reaktion auf den massiven Mitgliederschwund ist, also den Mangel verwaltet. Wie zäh die Verhandlungen sein können, kommt in dem Zitat zum Ausdruck, mit dem das Scheitern der COCU-Verhandlungen *(Consultation on Church Union)* in den USA erklärt worden ist: »Whatever else we can unite, we will never be able to merge our pension funds.«[59]

3. Föderative Union

Als föderative Union bezeichnet man jenes Einheitsmodell, bei dem sich Kirchen in einem bestimmten Gebiet zusammenschließen (eine ›Föderation‹ eingehen), dabei aber ihre institutionelle Eigenständigkeit bewahren. Dies ist ein Gegenentwurf zur organischen Union – eine alternative Form von *local unity*. In Bezug auf die praktische Umsetzung ist dieses Modell weniger anspruchsvoll, also leichter zu verwirklichen; dennoch ist es kaum realisiert worden. Vielleicht liegt das daran, dass diese Zielvorstellung als nicht so herausfordernd und lohnenswert erscheint? Auf der ersten Weltmissionskonferenz in Edinburgh/1910 wurde von China und Indien berichtet, dass dort zu Beginn des 20. Jahrhunderts Verhandlungen zur Errichtung einer ›Christian Federation of China‹ bzw. ›Federation of Christian Churches in India‹ im Gange waren.[60] Jedoch ist dieses

---

[59] BEST, THOMAS F. (Hg.): Built Together. The Present Vocation of United and Uniting Churches (Faith and Order Paper, Nr. 174), Genf [1996], S. 21.
[60] World Missionary Conference, 1910, Bd. 7, S. 108 und 112.

Projekt nicht weiter verfolgt worden; stattdessen wurde in Indien 1914 der ›National Missionary Council‹ gegründet (1923 als ›National Christian Council of India, Burma and Ceylon‹ neu konstituiert).

Häufig wird föderative Union auch gar nicht als eigenständiges Einheitsmodell verstanden, sondern als Vorstufe zu weitergehenden Formen der Einheit, wie etwa organische Union. So hieß es auf der ersten Weltkonferenz für Glauben und Kirchenverfassung in Lausanne/1927: »Man hat gesagt, dass der Weg zur Einheit folgende Etappen habe: Bund (federation), Vereinigung (union), Einheit (unity). Dass wir nicht auf einmal in die Einheit kommen können, ist klar genug, wir müssen mit der Föderation anfangen. [...] In einer Föderation können wir einander kennen lernen. Dazu könnte beitragen: 1. Ein gemeinsames Organ, eine Zeitschrift, die wir ›Ecclesia‹ nennen könnten; 2. persönliche Besuche beieinander und Austausch von Gottesdiensten; 3. Konferenzen, sowohl spezielle von den Konfessionskirchen, als allgemeine, interkonfessionelle Konferenzen. Es hat sich gezeigt, dass es nicht immer das Wesentliche ist, was die Kirchen trennt. Äußere Gebräuche trennen oft mehr als der Glaube. Wenn uns der Heilige Geist jetzt den Willen zur Einigung gegeben hat, müssen wir uns seine Weisung erbitten, dass wir von neuem lernen, zwischen Wesentlichem und Unwesentlichem zu unterscheiden. Dann wird er uns aus der Föderation leiten in die Union und zuletzt in die unitas.«[61]

In Edinburg wurde *federation* mit folgenden Worten beschrieben: »This plan aims at a federation of Christian bodies which regard organic union as impracticable or undesirable. [...] The term ›federation‹ has only recently come prominently into use, and it is not easy to know what should be included under it.«[62] Deshalb wird der

---

[61] PETER HOGNESTAD (Bischof von Bergen) in: SASSE, HERMANN (Hg.): Die Weltkonferenz für Glauben und Kirchenverfassung. Deutscher amtlicher Bericht über die Weltkirchenkonferenz zu Lausanne, 3. – 21. August 1927, Berlin 1929, S. 421.
[62] Ebd., S. 107.

Versuch einer Definition unternommen: »Those who take this view incline towards the formation of a type of federation of Christian Churches, in which the federated bodies would retain full liberty to hold and practise their own systems of doctrine and polity, but in which each would recognise the ministry, ordinances, and discipline of the others, and members might be freely transferred from the one to the other. [...] The unity to which we must strive must be one which allows the largest possible room for diversity.«[63] Föderative Union bedeutet also, dass sich Kirchen in einer bestimmten Region gegenseitig voll anerkennen, ohne ihre Selbständigkeit aufzugeben. An anderer Stelle wird gesagt: »federal unity [...] is not necessarily more than co-operation extended to the point of full communion between sister Churches.«[64]

Das ist der entscheidende Unterschied zwischen föderativer Union und den zahlreichen ökumenischen Vereinigungen, die weltweit entstanden sind, jedoch nicht den Anspruch erheben, damit eine Form von ›Kircheneinheit‹ (union) zu verwirklichen. Denn dies würde ja bedeuten, dass an Stelle der bisher getrennten Kirchen eine neue Kirche entsteht – und das würde etlichen der beteiligten Kirchen (aufgrund ihrer Überzeugung, selbst die wahre Kirche Jesu Christi zu sein) eine Mitgliedschaft erschweren oder gar unmöglich machen. Deshalb sah sich der Ökumenische Rat bereits zwei Jahre nach seiner Gründung auf einer Sitzung des Zentralausschusses in Toronto/1950 gezwungen, folgende Erklärung abzugeben: Der ÖRK ist »keine Über-Kirche. Er ist nicht die ›Weltkirche‹. Er ist nicht die Una Sancta, von der in den Glaubensbekenntnissen die Rede ist. [...] Jede Kirche behält sich verfassungsmäßig das Recht vor, Äußerungen oder Handlungen des Rates zu ratifizieren oder zu verwerfen. Die ›Autorität‹ des Rates besteht nur ›in dem Gewicht, das er durch seine eigene Weisheit bei den Kirchen

---

[63] Ebd., S. 134.
[64] Ebd., S. 118.

erhält‹ (WILLIAM TEMPLE).«[65] Das bedeutet, dass der ÖRK keinerlei Weisungsbefugnis oder gar Jurisdiktion gegenüber seinen Mitgliedskirchen hat und sich selbst keine ›ekklesiale Qualität‹ beimisst. Dieser sogenannten ›Toronto-Erklärung‹ haben sich in der Folge zahlreiche ökumenische Vereinigungen angeschlossen, wie etwa Nationale Kirchenräte oder die ACK in Deutschland. Sie verstehen sich bewusst nicht als ›Kirche‹ und ihre Mitglieder haben untereinander häufig keine Kirchen- und Abendmahlsgemeinschaft; deshalb müssen sie vom Modell der föderativen Union unterschieden werden.

4. Korporative Union

Das Modell der korporativen Union (auch ›korporative Vereinigung bzw. Wiedervereinigung‹ oder ›körperschaftliche Vereinigung‹ genannt) steht in engem Zusammenhang mit demjenigen der organischen Union. Das wird schon am Namen deutlich, denn er stammt vom lateinischen *corpus*, was soviel wie ›Körper‹ bzw. ›Leib‹ bedeutet und auf dem gemeinsamen ›Organismus‹ im Leib Christi verweist. Die genaue Bedeutung dieser Zielvorstellung ist noch schwerer zu fassen als bei den anderen Modellen, und es ist bisher auch nie verwirklicht worden; dennoch soll es hier vorgestellt werden, denn es kann als eine Art ›goldener Mittelweg‹ zwischen den beiden prominenten Einheitsmodellen ›organische Union‹ und ›versöhnte Verschiedenheit‹ verstanden werden und sollte in der ökumenischen Diskussion viel stärkere Beachtung finden.[66]

---

[65] Die Kirche, die Kirchen und der Oekumenische Rat der Kirchen (Toronto-Erklärung). In: Ökumenischer Rat der Kirchen: Die ersten sechs Jahre 1948–1954. Tätigkeitsbericht des Zentralausschusses sowie der Abteilungen und Sekretariate des Oekumenischen Rates der Kirchen, Genf 1954, S. 128–135, hier S. 129.

[66] Vgl. KOSLOWSKI, JUTTA: »Korporative Union«. Einheitsmodell der Vergangenheit – wegweisend für die Zukunft?. In: Münchener Theologische Zeitschrift, Jg. 61, 2010, S. 207–214.

Der Begriff ›korporative‹ Union diente ursprünglich dazu, sich von denjenigen abzugrenzen, welche die Wiederherstellung der Einheit der Kirche durch das massenhafte Auftreten von Einzelkonversionen erreichen wollten.[67] Später wurde er häufig als Synonym für organische Union verstanden.[68] Es gibt jedoch einen bedeutenden Unterschied zwischen diesen beiden Zielvorstellungen – darauf wird in dem Dokument ›Einheit vor uns‹ aufmerksam gemacht, welches im internationalen bilateralen Dialog zwischen katholischer und lutherischer Kirche entstanden ist und sich in einem längeren Abschnitt darum bemüht, die Bedeutung der verschiedenen Einheitsmodelle zu klären. Dort heißt es: »Der Begriff der ›korporativen Vereinigung‹ und der ihm entsprechende Begriff der ›organischen Einigung‹[69] begegnen uns unter anderem bei katholischen Theologen und im anglikanisch/katholischen Gespräch. Sie bedeuten dort gerade keine Einheitsverwirklichung durch Preisgabe der bisherigen kirchlichen Tradition. Vielmehr bilden in der ›korporativen Vereinigung‹ unterschiedliche kirchliche Gemeinschaften – auf der Basis einer wesentlichen Übereinstimmung in Fragen des Glaubens und in einer gemeinsamen altkirchlich-bischöflichen Verfassung – eine Glaubens- und Lebensgemeinschaft, in der sie als relativ selbständige Gliedgemeinschaften einen bleibenden Platz behalten. Sie haben dabei die Möglichkeit und Pflicht, das zu bewahren und in den Dienst des Ganzen zu stellen, was sie angesichts des apostolischen Zeugnisses in ihrer Theologie und Frömmigkeit als bleibend wertvoll erachten. Eine Verschmelzung oder wechselseitige Absorption der bisherigen

---

[67] Vgl. ADAM, KARL: Una Sancta in katholischer Sicht. Drei Vorträge über die Frage einer Wiedervereinigung der getrennten christlichen Bekenntnisse, Düsseldorf 1948, S. 132.
[68] Vgl. z.B. HODGSON, LEONARD/STAEHELIN, ERNST (Hg.): Das Glaubensgespräch der Kirchen. Die zweite Weltkonferenz für Glauben und Kirchenverfassung abgehalten in Edinburgh vom 3. – 18. August 1937, Zollikon/Zürich 1940, S. 323.
[69] ›Organische Einigung‹ wird hier als Synonym für korporative Union gebraucht und ist *nicht* identisch mit organischer Union!

kirchlichen Traditionen wird abgelehnt, weil bei ›einer solchen Fusion jede kirchliche Gemeinschaft ihr Profil verlieren würde‹. ›Korporative Vereinigung‹ ist also eine ›Vereinigung in der Unterschiedenheit‹: eine Einheit von Kirchen, ›die Kirchen bleiben und doch eine Kirche werden‹, wie man formuliert hat [JOSEPH RATZINGER].«[70]

Korporative Union bedeutet also, dass zwei oder mehrere Kirchen volle Kirchengemeinschaft miteinander begründen (dies geht über föderative Union hinaus), ohne jedoch ihre bisherige Eigenständigkeit aufzugeben (das unterscheidet sie von organischer Union). Diese Eigenständigkeit bezieht sich sowohl auf ihre institutionelle Gestalt, als auch auf ihre theologische Tradition, ihre Liturgie und Sprache (das, was man in der katholischen Theologie als den ›Ritus‹ einer Kirche bezeichnet). Die Kirchen behalten ihre jeweiligen Namen und jurisdiktionellen Befugnisse und errichten zugleich gemeinsame Entscheidungs- und Handlungsstrukturen. Es geht also um eine verbindliche Gemeinschaft, bei der die beteiligten Körperschaften als Ganze erhalten bleiben. Dabei ist korporative Union nicht auf ein bestimmtes geographisches Gebiet beschränkt, sondern hat die weltweite Kirche im Blick; es handelt sich demnach nicht um eine Form der *local unity*, sondern *confessional unity*.

Korporative Union »kommt für Kirchen in Frage, die bereits eine weitgehende Übereinstimmung in Fragen des Glaubens und der Kirchenverfassung haben und daraufhin eine Einheit bilden, bei der jede Kirche als Gliedgemeinschaft ihren bleibenden Platz behält. Hier ist also nicht an eine Aufgabe der bisherigen Identität gedacht, sondern an eine Hervorhebung und organisatorische Manifestation der bestehenden Gemeinsamkeit bei bleibender Unterschiedenheit.«[71] Wie gesagt wurde das Modell

---

[70] Gemeinsame Römisch-Katholische/Evangelisch-Lutherische Kommission: Einheit vor uns, Nr. 14 f.

[71] BIRMELÉ, ANDRÉ/RUSTER, THOMAS: Brauchen wir die Einheit der Kirche? (Reihe »Arbeitsbuch Ökumene«, Bd. 1), Würzburg/Göttingen 1986, S. 36 f.

der organischen Union vor allem im Hinblick auf eine mögliche Einheit zwischen katholischer und anglikanischer Kirche diskutiert. Denn diese beiden Kirchen sind auf der ganzen Welt verbreitet, und die Anglikaner verstehen sich selbst als ›katholisch‹. Sie verfügen über die aus katholischer Sicht unverzichtbare historische apostolische Sukzession und haben in ihrer liturgischen und theologischen Tradition vieles mit den Katholiken gemeinsam (zumindest in der sogenannten ›High Church‹, einem *branch* innerhalb der *Anglican Communion* bzw. *Church of England*, welcher von der ›Low Church‹ und der in der Mitte zwischen beiden liegenden ›Broad Church‹ unterschieden ist, aber dennoch miteinander in Verbindung steht). Allerdings anerkennen die Anglikaner nicht die universale Autorität des Papstes – dies war der Auslöser dafür, dass die anglikanische Kirche überhaupt entstanden ist, und es ist auch der wesentliche Grund, warum die Unionsverhandlungen zwischen Anglikanern und Katholiken gescheitert sind[72] und das Modell der korporativen Wiedervereinigung hier nicht zur Anwendung kam.

5. Konziliare Gemeinschaft

Nachdem wir uns mit den vier grundlegenden Modellen beschäftigt haben, welche in der Gründungszeit der ökumenischen Bewegung eine Rolle gespielt haben, wollen wir uns nun jenen Zielvorstellungen kirchlicher Einheit zuwenden, die im weiteren Verlauf hinzugekommen sind. Das Modell der konziliaren Gemeinschaft wurde erstmals auf der 4. Vollversammlung des Ökumenischen Rates der Kirchen in Uppsala/1968 formuliert. Es steht deutlich unter dem Eindruck des 2. Vatikanischen Konzils, das in der

---

[72] In der päpstlichen Bulle *Apostolica curae* von 1896 wurden die anglikanischen Weihen für »absolut null und nichtig« erklärt; auch die Verhandlungen der internationalen anglikanisch-katholischen Dialogkommission (ARCIC) brachten hier keinen Durchbruch.

katholischen Kirche in den Jahren 1962–65 abgehalten worden ist. Dieses Ereignis hat großen Eindruck auf andere Kirchen gemacht (die es auch unmittelbar miterleben konnten, weil sie dazu eingeladen waren, »Beobachter« zu entsenden, welche bei allen Beratungen auf den vordersten Ehrenplätzen mit dabei sein konnten – auch wenn sie bei den Abstimmungen natürlich nicht beteiligt waren). Als Papst JOHANNES XXIII. im Jahr 1959 dieses Konzil einberief, waren sogar kurzfristig Hoffnungen aufgekommen, dass es dabei um die Wiedervereinigung zwischen allen Christen gehen könnte – denn es wurde als ›ökumenisches‹ Konzil angekündigt. Hier kommt wieder das unterschiedliche Verständnis des Begriffs ›Ökumene‹ zum Ausdruck, denn dies kann sowohl ›weltweit‹ als auch ›konfessionsübergreifend‹ bedeuten.[73] Ein ›ökumenisches Konzil‹ ist im Sprachgebrauch der orthodoxen und der katholischen Kirche ein solches, das für die gesamte Weltkirche verbindlich ist; die Orthodoxen zählen hierzu die sieben großen altkirchlichen Konzilien; für die katholische Kirche war das 2. Vatikanum das 20. in der Reihe der ökumenischen Konzilien. In jedem Fall hatte es eine große Bedeutung für die Ökumene, denn die katholische Kirche hat sich hier (nach langer Zeit der Ablehnung) den Herausforderungen der Moderne gestellt und sich für die ökumenische Bewegung geöffnet.

Kurz darauf standen im Jahr 1968 die Studentenunruhen auf ihrem Höhepunkt, und die gesamte westliche Gesellschaft befand sich im Umbruch. In dieser Situation wurde die ÖRK-Vollversammlung in Uppsala abgehalten, und sie endete mit einem Aufruf an alle Kirchen: »Die Mitgliedskirchen des Ökumenischen Rates der Kirchen, die einander verpflichtet sind, sollten auf die Zeit hinarbeiten, wenn ein wirklich universales Konzil wieder für alle Christen sprechen und den Weg in die Zukunft weisen

---

[73] Vgl. hierzu die grundlegende Klärung von VISSER'T HOOFT, WILLEM A.: Das Wort »Ökumenisch« – seine Geschichte und Verwendung. In: ROUSE, RUTH/NEILL, STEPHEN CHARLES (Hg.): Geschichte der Ökumenischen Bewegung 1517–1948, Bd. 2, Göttingen 1958, S. 434–441.

kann.«[74] Dabei wurde auf die oben bereits genannte ›Einheitsformel von Neu-Delhi‹ Bezug genommen – sie wurde nicht nur erweitert, sondern durch »ein neues Verständnis der Einheit« substantiell ergänzt: »So möchten wir der Betonung von ›allen an jedem Ort‹ hier ein neues Verständnis der Einheit aller Christen an allen Orten hinzufügen. Das fordert die Kirchen an allen Orten zur Einsicht auf, dass sie zusammengehören und aufgerufen sind, gemeinsam zu handeln.«[75] Wurde bisher vor allem die Einheit der Kirche auf Ortsebene betont (z.B. durch die Bildung nationaler Kirchenunionen), so wird nun die weltweite, universale Dimension der Kirche in den Blick genommen (ihre ›Katholizität‹). Neben der Einheit der Christen »an jedem [einzelnen] Ort« geht es nun um die Einheit aller »an allen Orten [insgesamt]«.

Das Modell der konziliaren Gemeinschaft stieß auch deshalb auf Zustimmung in vielen Kirchen, weil es auf eine breite gemeinsame Tradition zurückgreifen konnte. Es ist bereits im Neuen Testament verwurzelt: In Apg 15 wird berichtet, wie die noch junge Kirche ihre erste Zerreißprobe zu bestehen hatte, weil es fundamentale Differenzen zwischen Judenchristen und Heidenchristen gab. Da wurde das sogenannte ›Apostelkonzil‹ einberufen, auf dem PAULUS (als ›Heidenapostel‹) und Vertreter der Pharisäer miteinander verhandelten: »Die Apostel aber und die Ältesten versammelten sich, um diese Angelegenheit zu besehen.« (Apg 15, 6) Schließlich gelang es Petrus, einen tragfähigen Kompromiss vorzuschlagen, dem sich auch Jakobus und die Anhänger der Judenchristen anschließen konnten, und das Ergebnis der Beratungen wurde in einem Sendschreiben bei allen Gemeinden bekannt gemacht (Apg 15, 19.20). Dass es gut ist, Konflikte durch gemeinsames Gespräch zu lösen, dass die Weisheit

---

[74] GOODALL, NORMAN/MÜLLER-RÖMHELD, WALTER (Hg.): Bericht aus Uppsala 1968. Offizieller Bericht über die Vierte Vollversammlung des Ökumenischen Rates der Kirchen, Uppsala 4. – 20. Juli 1968, Frankfurt 1968, S. 14.
[75] Ebd.

der dabei Beteiligten größer ist als die Summe der einzelnen Meinungen und dass es letztlich der Heilige Geist selbst ist, der bei der Beratung mitwirkt – diese Überzeugung leitete die Kirche von Anfang an. »Denn es hat dem Heiligen Geist und uns gut geschienen …« – so wird die Entscheidung des Apostelkonzils im Sendschreiben begründet.

Wann immer es fortan wichtige Fragen zu klären galt, traten in der Alten Kirche lokale und später auch universale Konzilien zusammen. Oftmals gaben alternative Lehrmeinungen von ›Häretikern‹ dazu Anlass, und das Ergebnis war eine vertiefte Profilierung der christlichen Lehre. Das wichtigste Ergebnis der altkirchlichen ökumenischen Konzilien ist wohl das Glaubensbekenntnis von Nizäa-Konstantinopel, das auf den ersten beiden ökumenischen Konzilien in den Jahren 325 und 381 formuliert worden ist; es gilt noch heute in fast allen Kirchen als verbindliche Lehrgrundlage und findet in ihrer Liturgie Verwendung.[76]

So ist es kein Wunder, dass auch in der evangelischen Tradition immer wieder an ein Konzil appelliert worden ist, z.B. durch JAN HUS und MARTIN LUTHER. In MELANCHTHONS Vorrede zur *Confessio Augustana* heißt es: »So erklären wir hiermit gegenüber Eurer Kaiserlichen Majestät in aller Untertänigkeit und zum wiederholten Male im besprochenen Fall fernerhin unsere Bereitschaft zu einem solchen allgemeinen, freien, christlichen Konzil«.[77] Bekanntlich ist es Kaiser KARL V. nicht gelungen, ein solches Konzil zusammenzurufen, und die Einheit der westlichen Kirche zerbrach – aber die Hoffnung auf ein Unionskonzil blieb dennoch erhalten. So entwickelte

---

[76] Vgl. KOSLOWSKI, JUTTA: The Creed as Basis for the Unity of the Church. In: HELLER, DAGMAR/SZENTPÉTERY, PÉTER (Hg.): Catholicity under Pressure: The Ambigious Relationship between Diversity and Unity. Proceedings of the 18th Academic Consultation of the Societas Oecumenica (Beihefte zur Ökumenischen Rundschau, Bd. 105), Leipzig (Evangelische Verlagsanstalt) 2016, S. 369–376.

[77] *Confessio Augustana*, Vorrede. In: PÖHLMANN, HORST GEORG (Hg.): Unser Glaube. Die Bekenntnisschriften der evangelisch-lutherischen Kirche, Gütersloh ³1991, S. 56.

beispielsweise Jan Amos Comenius, ein bedeutender Ireniker des 17. Jahrhunderts, in seinem Werk ›Allverbesserung‹ *(Panorthosia)* die Vision eines ökumenischen Konzils, einer »Weltversammlung« als »Garant für die Universalreform«.[78] Auch in der orthodoxen Christenheit ist der Gedanke an ein Konzil als Mittel zur Wiederherstellung der kirchlichen Einheit stets lebendig geblieben (trotz manch schlechter Erfahrungen bei Unionskonzilien mit der katholischen Kirche). So hat der Ökumenische Patriarch Dorotheos I. in seinem Sendschreiben ›An die Kirchen Christi überall‹ aus dem Jahr 1920 unter anderen konkreten Maßnahmen auch die »Einberufung All-Christlicher Konferenzen für Fragen von gemeinsamem Interesse« vorgeschlagen.[79] Und der berühmte Theologe Dietrich Bonhoeffer rief 1934 in seiner Rede auf einer ökumenischen Konferenz im dänischen Fanø leidenschaftlich zu einem christlichen Konzil auf, von dem er sich einen internationalen Friedensappell erhoffte, um die Gefahr eines 2. Weltkriegs abzuwenden: »Wie wird Friede? Wer ruft zum Frieden, dass die Welt es hört, zu hören gezwungen ist, dass alle Völker darüber froh werden müssen? Der einzelne Christ kann das nicht – er kann wohl, wo alle schweigen, die Stimme erheben und Zeugnis ablegen, aber die Mächte der Welt können wortlos über ihn hinwegschreiten. Die einzelne Kirche kann auch wohl zeugen und leiden – ach, wenn sie es nur täte –, aber auch sie wird erdrückt von der Gewalt des Hasses. Nur das eine große ökumenische Konzil der Heiligen Kirche Christi aus

---

[78] Comenius, Johann Amos: Allverbesserung (Panorthosia), Hg. Hofmann, Franz (Erziehungskonzeptionen und Praxis, Bd. 37), Frankfurt 1998, S. 387–409. Vgl. auch die weiteren Schriften des Verfassers: Comenius, Johann Amos: Das Einige Nothwendige [Unum Necessarium]. In: Ders.: Ausgewählte Werke, Bd. II/1, Hg. Schaller, Klaus, Hildesheim 1976, S. 209–312; Comenius, Johann Amos: Der Engel des Friedens [Angelus Pacis]. In: Ders.: Ausgewählte Werke, Bd. 3, Hg. Schaller, Klaus, Hildesheim 1977, S. 339–373.

[79] Ökumenisches Patriarchat von Konstantinopel: Sendschreiben »An die Kirchen Christi überall«. In: Althaus, Hans-Ludwig (Hg.): Ökumenische Dokumente. Quellenstücke über die Einheit der Kirche, Göttingen 1962, S. 139–142, hier S. 141.

aller Welt kann es so sagen, dass die Welt zähneknir-
schend das Wort vom Frieden vernehmen muss und dass
die Völker froh werden, weil diese Kirche Christi ihren
Söhnen im Namen Christi die Waffen aus der Hand nimmt
und ihnen den Krieg verbietet und den Frieden Christi
ausruft über die rasende Welt.«[80]

Die Überzeugung, dass ein ökumenisches Konzil nicht
nur der Einheit der Kirche, sondern auch dem Frieden der
Welt dienen würde, ist auch später immer wieder zum
Ausdruck gekommen. So mahnte im Jahr 1985 auf dem
Evangelischen Kirchentag in Düsseldorf (als die Diskussion um den Nato-Doppelbeschluss ihren Höhepunkt erreicht hatte und der Kalte Krieg die Schreckensvision eines ›auf Europa begrenzten‹ Atomkriegs herauf-

---

[80] BONHOEFFER, DIETRICH: Rede auf der Konferenz in Fanø. in:
BONHOEFFER, DIETRICH: London 1933–1935, Hg. GOEDEKING,
HANS/HEIMBUCHER, MARTIN/SCHLEICHER, HANS-WALTER (Dietrich Bonhoeffer Werke, Bd. 13), Gütersloh 2015, S. 298–301, hier S. 300 f. Ganz
ähnlich schrieb der katholische Priester MAX JOSEF METZGER 1939 in einem Brief an Papst PIUS XII.: »Ich habe dem hochseligen Vorgänger Eurer Heiligkeit aus der inneren Erregung über das klar vorausgesehene
kommende Schicksal Europas vor sieben Jahren (1932) davon geschrieben, daß es die letzte Stunde sei, die Völker Europas vor dem aufs neuen
beginnenden Wettrüsten und zu friedlicher Verständigung zurückzuru-
fen, wenn nicht binnen kurzem die Katastrophe eines neuen Weltkrie-
ges unabwendbar werden sollte; ich habe die ungeheure Verantwortung der Kirche in jenen Tagen als meine persönliche Last gefühlt und
mußte schreiben wider alle Hoffnung. Ob ein Aufstehen der ganzen be-
wußten Christenheit in jenen Tagen nicht noch das Unglück hätte ver-
hüten können? Aber wo ist diese Christenheit? Sie kann nie ihre Stimme
wirksam erheben, sie kann keinen bestimmenden Einfluß auf das Weltgeschehen ausüben zur Durchsetzung der ewigen Grundsätze unseres
Herrn, weil – sie nicht eins ist. [...] Der gegenwärtige Zeitpunkt erscheint
vielleicht weniger geeignet, die Frage der Wiedervereinigung der Christenheit einer Lösung näherzuführen. Der Krieg hat, wie es scheint, alles
menschliche Interesse in Beschlag gelegt. Und doch ist diese Meinung,
wie mir scheint, nicht richtig. Gerade das Erleben des unseligen Krieges
ruft in unzähligen Menschen das Verlangen wach nach einer außeror-
dentlichen Anstrengung zur Rettung des menschlichen Geschlechts,
nach einer Überwindung der scheinbaren Ohnmacht des Christentums
in seinem Einfluß auf das Weltgeschehen.« In: METZGER, MAX JOSEF: Für
Frieden und Einheit. Briefe aus der Gefangenschaft, Meitingen ³1964,
S. 46.

beschwor) CARL FRIEDRICH VON WEIZSÄCKER: »Wir bitten die Kirchen der Welt, ein Konzil des Friedens zu berufen. Der Friede ist heute Bedingung des Überlebens der Menschheit. Es ist nicht gesichert. Auf einem ökumenischen Konzil, das um des Friedens willen berufen wird, müssen die christlichen Kirchen in gemeinsamer Verantwortung ein Wort sagen, das die Menschheit nicht überhören kann. Die Zeit drängt. Wir bitten die Kirchenleitungen, alles zu tun, damit das Konzil so rasch wie möglich zusammentritt. Wir bitten die Gemeinden, dem Aufruf zu einem Konzil durch ihre ausdrückliche Unterstützung Kraft zu verleihen.«[81]

Obwohl das Einheitsmodell der konziliaren Gemeinschaft ein konkretes und prinzipiell erreichbares Ziel formuliert, ist es bislang nicht realisiert worden. Der Gedanke fand zwar viel Zustimmung, doch letztlich sind die Diskussionen ohne Ergebnis geblieben. Innerhalb des ÖRK war dafür nicht zuletzt der Widerstand der orthodoxen Kirchen ausschlaggebend, die damit beschäftigt waren, ihr eigenes panorthodoxes Konzil vorzubereiten (das nach jahrzehntelangen Verhandlungen im Jahr 2016 auf Kreta abgehalten werden konnte) und die sich ein ökumenisches Konzil nur nach dem Vorbild der altkirchlichen Synoden vorstellen konnten. Dennoch ist dieses Einheitsmodell später in anderer Form wieder aufgelebt: An Stelle von konziliarer Gemeinschaft wurde der sogenannte ›konziliare Prozess für Gerechtigkeit, Frieden und Bewahrung der Schöpfung‹ ins Leben gerufen. Der Begriff ›Prozess‹ macht deutlich, dass ein Konzil nicht ein einmaliger, feierlicher Akt sein muss, sondern dass bereits der Weg dorthin – also das Gespräch über die Möglichkeit einer gemeinsamen Versammlung und die Schaffung der Voraussetzungen dafür – wichtige Schritte auf dem Weg sind. Der *Prozesscharakter ökumenischer Bemühungen*

---

[81] Zit. n. KÖNIG, FRANZ/WALDENFELS, HANS (Hg.): Die Friedensgebete von Assisi, Freiburg 1987, S. 66. Vgl. WEIZSÄCKER, CARL FRIEDRICH VON: Die Zeit drängt. Eine Weltversammlung der Christen für Gerechtigkeit, Frieden und Bewahrung der Schöpfung, München 1986.

kommt inzwischen auch in vielen anderen Bereichen zum Ausdruck; deshalb findet sich die Formulierung »Auf dem Weg zu ...« *(On the Way to ...)* heute fast standardmäßig in den Titeln ökumenischer Dokumente.[82] Der Impuls für den konziliaren Prozess ging wiederum vom ÖRK aus – auf seiner 6. Vollversammlung, die 1983 im kanadischen Vancouver abgehalten worden ist. Hier wurde der Rat dazu aufgefordert, »die Mitgliedskirchen in einen konziliaren Prozess gegenseitiger Verpflichtung (Bund) für Gerechtigkeit, Frieden und Bewahrung der ganzen Schöpfung einzubinden.«[83] Dieser Appell fiel insbesondere in Deutschland auf fruchtbaren Boden, und seit den achtziger Jahren sind hier zahlreiche ökumenische Basisgruppen entstanden, die dem friedenspolitischen und ökologischen Engagement verpflichtet sind und zum Teil bis heute existieren.

6. Kirchengemeinschaft

Der Begriff ›Kirchengemeinschaft‹ hat eine doppelte Bedeutung. Zum einen bezeichnet er ganz allgemein das Ziel der Ökumene: Kirchengemeinschaft (die in Bekenntnisgemeinschaft ihre Voraussetzung hat und in Abendmahlsgemeinschaft ihre Vollendung findet) entspricht dem Einheitsverständnis, das allen Kirchen gemeinsam

---

[82] Vgl. z.B. Gemeinsame Arbeitsgruppe der römisch-katholischen Kirche und des Ökumenischen Rates der Kirchen: Auf dem Weg zu einem Bekenntnis des gemeinsamen Glaubens (Faith and Order Paper, Nr. 100). In: Ökumenische Rundschau, Jg. 29, 1980, S. 367–376; Lutherischer Weltbund: Auf dem Weg zu einem lutherischen Verständnis von Communio. In: Holze, Heinrich (Hg.): Die Kirche als Gemeinschaft. Lutherische Beiträge zur Ekklesiologie (LWB-Dokumentation, Nr. 42), Stuttgart 1998, S. 15–30; Kommission für Glauben und Kirchenverfassung: Die Kirche. Auf dem Weg zu einer gemeinsamen Vision (Studie der Kommission für Glauben und Kirchenverfassung, Nr. 214), Genf 2013 u.ö.
[83] Müller-Römheld, Walter (Hg.): Bericht aus Vancouver 1983. Offizieller Bericht der Sechsten Vollversammlung des Ökumenischen Rates der Kirchen, 24. Juli bis 10. August 1983 in Vancouver/Kanada, Frankfurt 1983, S. 261.

ist. Darüber hinaus gibt es jedoch noch eine bestimmte Verwirklichungsform von Kirchengemeinschaft, also ein konkretes Einheitsmodell, das mit diesem Namen bezeichnet wird. Von Kirchengemeinschaft in diesem speziellen Sinn soll im Folgenden die Rede sein. Dabei zeichnet sich dieses Einheitsmodell dadurch aus, dass es (anders als etwa konziliare Gemeinschaft und ebenso wie organische Union) tatsächlich verwirklicht worden ist, sodass man sich nicht nur aufgrund von theoretischen Erklärungen, sondern aus der praktischen Anschauung ein Bild davon machen kann.

Das Besondere am Modell der Kirchengemeinschaft ist, dass sich dabei *Kirchen mit bleibend verschiedenem Bekenntnisstand* zusammenschließen. Dennoch wird die Bekenntnisgemeinschaft als vorhanden betrachtet, weil die verbleibenden Lehrunterschiede nicht das Zentrum der christlichen Botschaft betreffen und als Ausdruck legitimer Vielfalt verstanden werden. Die beteiligten Partner bilden dabei nicht eine einzige Kirche (wie bei organischer Union), sondern behalten ihre institutionelle Eigenständigkeit. Jedoch heben sie den Zustand der Kirchenspaltung dadurch auf, dass sie untereinander Kirchengemeinschaft schließen – und zwar im umfassenden Sinn der ›Gemeinschaft von Altar und Kanzel‹. Die Anerkennung der Sakramente Taufe und Abendmahl und die volle Austauschbarkeit von Mitgliedern und Amtsträgern ist demnach gegeben. Darüber hinaus wird fortwährender theologischer Dialog und Zusammenarbeit in praktischen Fragen vereinbart.

Erstmals wurde diese Form von Kirchengemeinschaft im Jahr 1973 verwirklicht, als sich reformierte und lutherische Kirchen in Europa (zusammen mit den aus ihnen hervorgegangenen unierten Kirchen sowie einigen kleineren reformatorischen Gemeinschaften wie den Waldensern und den Böhmischen Brüdern) zur sogenannten ›Leuenberger Kirchengemeinschaft‹ zusammenschlossen (benannt nach dem Leuenberg bei Basel, wo die betreffende Erklärung, die ›Leuenberger Konkordie‹, verabschiedet wurde; seit 2003 umbenannt in Gemeinschaft Evangelischer Kirchen in Europa). Diese Form von Kirchengemeinschaft wurde also durch eine Konkordie bzw. ein Konkordat geschlossen, d.h. eine vertragliche zwischenkirchliche Übereinkunft; deshalb wird dieses Einheitsmodell auch ›Kirchengemeinschaft durch Konkordat‹ genannt. Dabei wird unterschieden zwischen der *Erklärung* von Kirchengemeinschaft (welche durch die beidseitige Annahme des Konkordats geschieht) und der *Verwirklichung* von Kirchengemeinschaft (die sich anschließend in einem längeren Prozess im Leben der beteiligten Kirchen und Gemeinden ereignet). In der Leuenberger Konkordie wird Kirchengemeinschaft folgendermaßen definiert:»Kirchengemeinschaft im Sinne dieser Konkordie bedeutet, dass Kirchen verschiedenen Bekenntnisstandes aufgrund der gewonnenen Übereinstimmung im Verständnis des Evangeliums einander Gemeinschaft an Wort und Sakrament gewähren und eine möglichst große Gemeinsamkeit in Zeugnis und Dienst an der Welt erstreben.«[84]

Ermöglicht wurde dieser gemeinsame Schritt durch einen Grundsatz, der von allen reformatorischen Kirchen anerkannt wird und seine klassische Formulierung in der *Confessio Augustana*, Artikel 7 gefunden hat. Dort wird unter der Überschrift »Von der Kirche« folgendes gesagt: »Das genügt (lat. *rite est*) zur wahren Einheit der christlichen Kirche, dass das Evangelium einträchtig im reinen Verständnis gepredigt und die Sakramente dem göttlichen Wort gemäß gereicht werden. Und es ist nicht zur wahren Einheit der christlichen Kirche nötig, dass überall die gleichen, von den Menschen eingesetzten Zeremonien eingehalten werden.«[85] Dieses *rite est* ist zu einem Grundsatz für das ökumenische Handeln der Reformationskirchen geworden: Die Verkündigung des Evangeli-

---

[84] Leuenberger Konkordie, Nr. 29. In: LOHFF, WENZEL: Die Konkordie reformatorischer Kirchen in Europa: Leuenberger Konkordie. Eine Einführung mit dem vollen Text, Frankfurt 1985, S. 18 f.

[85] *Confessio Augustana*, Artikel 7. In: PÖHLMANN: Unser Glaube, S. 64.

ums (von der Rechtfertigung des Sünders ›allein aus Gnade‹) und die gemeinsame Anerkennung der beiden Grundsakramente Taufe und Abendmahl ist notwendig und hinreichend für Kirchengemeinschaft – was darüber hinaus geht sind ›von Menschen eingesetzte Zeremonien‹, und hier ist Vielfalt nicht nur möglich, sondern erwünscht.

In Bezug auf die Leuenberger Kirchengemeinschaft bestand die Schwierigkeit allerdings darin, dass ein gemeinsames Grundverständnis in Bezug auf das Sakrament Abendmahl zwischen den beteiligten Partnern eigentlich nicht vorhanden war – denn die Lutheraner gehen traditionell davon aus, dass die Einsetzungsworte Jesu beim Abendmahl »dies ist mein Leib« (Mk 14, 22 par) *wörtlich* zu verstehen sind. Sie halten also an der *Realpräsenz Christi* beim Abendmahl fest und stehen damit der katholischen Position nahe (auch wenn sie das Abendmahl nicht als ›Opfer‹ verstehen, den aus der aristotelischen Philosophie übernommenen Begriff ›Transsubstantation‹ meiden und davon ausgehen, dass die Wandlung nur ›unter dem Wort‹, d.h. für die Dauer des liturgischen Vollzugs, geschieht). Reformierte dagegen verstehen die Einsetzungsworte im *übertragenen* Sinn, glauben also nicht an Realpräsenz und verstehen das Abendmahl als *Erinnerungsakt.* An dieser Differenz ist in der Reformationszeit die Einheit zwischen Lutheranern und Reformierten zerbrochen, und für mehr als vierhundert Jahre hatten sie untereinander keine Abendmahls- und Kirchengemeinschaft. Dass die Leuenberger Konkordie hier einen ökumenischen Durchbruch erreicht hat, wurde dadurch möglich, dass man bei den beiden Kriterien des *satis est* (nämlich Rechtfertigungslehre und Sakramentsverständnis) nochmals eine Gewichtung vorgenommen hat und dem Evangelium von der Rechtfertigung den Vorrang gab: Weil man sich in *dieser* Hinsicht einig ist, sind die verbleibenden Differenzen in Bezug auf die Abendmahlslehre von einem Grundkonsens getragen, welcher das Aufrechterhalten der Spaltung nicht rechtfertigt.

Darüber hinaus hat man sich durch gewisse Modifikationen in den strittigen Fragen auch inhaltlich so weit aneinander angenähert, dass auf die klärende Kraft weiterer Lehrgespräche vertraut werden kann; daher »betreffen die Verwerfungen der reformatorischen Bekenntnisse nicht den Stand der Lehre dieser Kirchen«.[86] Diese Feststellung war nötig, denn die beteiligten Kirchen hatten zuvor untereinander nicht nur keine Gemeinschaft, sondern sie hatten sich ausdrücklich verworfen und verflucht. Diese bedauerlichen Ereignisse wurden zwar nicht zurückgenommen, aber es wurde zumindest erklärt, dass die Lehrverurteilungen ›den heutigen Partner nicht mehr treffen‹; dadurch wurde der Weg für weitere ähnliche Erklärungen geebnet – insbesondere in der Gemeinsamen Erklärung zur Rechtfertigungslehre, die 1999 zwischen dem Lutherischen Weltbund und dem Päpstlichen Rat für die Einheit der Christen verabschiedet werden konnte.[87] Damit erfüllte sich eine Hoffnung, die bereits bei der Verabschiedung der Leuenberger Kirchengemeinschaft ausgesprochen worden ist, nämlich »dass die Kirchengemeinschaft der Begegnung und Zusammenarbeit mit Kirchen anderer Konfessionen einen neuen Anstoß geben wird.«[88]

Darüber kam das Modell der Kirchengemeinschaft durch Konkordie noch in anderen Fällen zur Anwendung. Zu erwähnen sind hier insbesondere die ›Erklärung von Meißen‹ zwischen reformierten und lutherischen Kirchen in Deutschland und der anglikanischen Kirche in England aus dem Jahr 1988, die ›Erklärung von Porvoo‹ zwischen Lutheranern in Skandinavien und dem Baltikum

---

[86] Leuenberger Konkordie, Nr. 26. In: LOHFF: Die Konkordie reformatorischer Kirchen in Europa, S. 18.

[87] Gemeinsame Erklärung zur Rechtfertigungslehre des Lutherischen Weltbundes und der Katholischen Kirche. In: MEYER, HARDING u.a. (Hg.): Dokumente wachsender Übereinstimmung. Sämtliche Berichte und Konsenstexte interkonfessioneller Gespräche auf Weltebene, Bd. 3: 1990–2001, Paderborn/Frankfurt 2003, S. 419–441.

[88] Leuenberger Konkordie, Nr. 49. In: LOHFF: Die Konkordie reformatorischer Kirchen in Europa, S. 22.

und der Church of England von 1992 und die ›Erklärung von Reuilly‹ zwischen lutherischen und reformierten Kirchen in Frankreich und der Church of England, die im Jahr 1999 verabschiedet worden ist. Auch außerhalb Europas hat die Leuenberger Konkordie Nachahmung gefunden, so z.B. 1999 mit der Erklärung *Called to Common Mission* zwischen Lutheranern und Anglikanern in den USA oder 2001 mit dem ähnlich aufgebauten Dokument *Called to Full Communion* zwischen Lutheranern und Anglikanern in Kanada. So kann Kirchengemeinschaft durch Konkordie insgesamt als Erfolgsmodell betrachtet werden und als wegweisend bei der Suche nach der künftigen Gestalt der Einheit der Kirche. Allerdings stößt dieses Modell dadurch an eine Grenze, dass es der Amtsfrage wenig Beachtung schenkt: Im Prinzip des *satis est* wird das Amt nicht zu den Konstitutiva gerechnet; wollte man daraus schlussfolgern, dass es sich dabei um ›von Menschen eingesetzte Zeremonien‹ handelte, wäre dies für Kirchen aus der katholischen und orthodoxen Tradition nicht annehmbar. Die Tatsache, dass in den letzten Jahren in mehreren Fällen Kirchengemeinschaft auch mit der Anglikanischen Kirche geschlossen werden konnte (die eine episkopale Kirchenverfassung hat und das Bischofsamt zu den Grunderfordernissen der Kirche zählt), lässt es möglich erscheinen, dass sich Kirchengemeinschaft auch über den Bereich der reformatorischen Kirchen hinaus als geeignetes Einheitsmodell erweisen könnte.

7. Gegenseitige Anerkennung

Mit gegenseitiger Anerkennung verhält es sich ähnlich wie mit Kirchengemeinschaft: Es handelt sich zunächst einmal um einen allgemeinverständlichen Ausdruck, der in der ökumenischen Diskussion zum Schlüsselbegriff geworden ist. Ob er darüber hinaus auch ein bestimmtes Einheitsmodell bezeichnet, ist (anders als bei Kirchengemeinschaft) umstritten. Weil der Begriff häufig verwendet wird und mit mehreren anderen Einheitsmodellen in engem Zusammenhang steht, soll er hier behandelt werden.

Es gibt kein offizielles ökumenisches Dokument, in dem gegenseitige Anerkennung als eigenständiges Einheitsmodell behandelt worden ist, und es gibt kein Beispiel für deren praktische Verwirklichung. Jedoch wird an vielen Stellen davon gesprochen, und wir wollen versuchen, die Bedeutung zu klären. Anerkennung kann sich im ökumenischen Dialog auf eine Kirche als ganze beziehen; dann wird ihre ›ekklesiologische Qualität‹, d.h. sie selbst als Kirche Jesu Christi, anerkannt. Anerkennung kann aber auch auf einen einzelnen Aspekt beschränkt sein, z.B. das Glaubensbekenntnis oder die Taufpraxis einer anderen Kirche. Am häufigsten wird der Ausdruck im Hinblick auf die Anerkennung der Ämter verwendet. Wichtig ist, dass Anerkennung nicht das Erfordernis einschließt, das Betreffende auch für sich selbst zu übernehmen. Dennoch bedeutet Anerkennung mehr als die bloße Akzeptanz eines gegebenen Faktums: Anerkennung im ökumenischen Sinn erklärt etwas als theologisch *legitim*. Der bekannte Ökumeniker HARDING MEYER, der sich um die Präzisierung der verschiedenen Einheitsmodelle sehr verdient gemacht hat, schreibt: »Ihrem Charakter nach ist ›Anerkennung‹ primär ein *geistlich-theologisches Urteil*, das dem anderen bzw. der anderen Kirche – gerade in ihrer Besonderheit! – *Legitimität und Authentizität* zuerkennt.«[89]

Andererseits ist angesichts der verhängnisvollen Tendenz zu Abgrenzung und Verwerfungen zwischen Kirchen durchaus ein Wandel des eigenen Selbstverständnisses erforderlich, und zwar als *Voraussetzung* für die Fähigkeit zur Anerkennung des genuin ›anderen‹. So ist wohl eines der frühesten Vorkommnisse des Begriffs Anerkennung in einem ökumenischen Dokument zu verstehen. Auf der 1. Weltkonferenz für Glauben und Kirchen-

---

[89] MEYER, HARDING: »Anerkennung« – ein ökumenischer Schlüsselbegriff. In: DERS.: Versöhnte Verschiedenheit. Aufsätze zur ökumenischen Theologie, Bd. 1, Frankfurt/Paderborn 1998, S. 120–136, hier S. 132.

verfassung in Lausanne/1927 wurde verkündet: »Welcher Weg auch immer zum Ziel führen mag, die vollständige Einheit setzt eine Umwandlung der Kirchen in dem Sinne voraus, dass die Glieder aller Kirchengemeinschaften in einem Verhältnis voller gegenseitiger Anerkennung stehen.«[90]

Diese ›volle gegenseitige Anerkennung‹ bzw. ›Anerkennung als Kirche im vollen Sinn‹ mag zwar ein Ideal sein, jedoch hat man innerhalb des ökumenischen Rates der Kirchen darauf verzichtet, dies zur Bedingung zu machen. Im Gegenteil: Schon zwei Jahre nach der Gründung des ÖRK wurde in der sogenannten Toronto-Erklärung ausdrücklich festgestellt, die Mitgliedschaft im ÖRK schließe nicht das Erfordernis ein, »dass jede Kirche die anderen Mitgliedskirchen als Kirchen im wahren und vollen Sinne des Wortes anerkennen muss.«[91] Jedoch erkennen die Mitgliedskirchen »in anderen Kirchen Elemente der wahren Kirche an. Sie sind der Meinung, dass diese gegenseitige Anerkennung sie dazu verpflichtet, in ein ernstes Gespräch miteinander einzutreten; sie hoffen, dass diese Elemente der Wahrheit zu einer Anerkennung der vollen Wahrheit und zur Einheit, die auf der vollen Wahrheit begründet ist, führen wird.«[92] *Partielle Anerkennung* gilt also als ausreichend; zugleich wird ihr *prozesshafter Charakter* betont. Grundlage der Beziehungen untereinander ist letztlich nicht die *gegenseitige Anerkennung*, sondern die *gemeinsame Anerkennung Jesu Christi*: »Die Mitgliedskirchen des Rates glauben, dass das gemeinsame Gespräch, die Zusammenarbeit und das gemeinsame Zeugnis der Kirchen auf der gemeinsamen

---

[90] SASSE, HERMANN (Hg.): Die Weltkonferenz für Glauben und Kirchenverfassung. Deutscher amtlicher Bericht über die Weltkirchenkonferenz zu Lausanne, 3. – 21. August 1927, Berlin 1929, S. 547.
[91] Die Kirche, die Kirchen und der Oekumenische Rat der Kirchen (Toronto-Erklärung). In: Ökumenischer Rat der Kirchen: Die ersten sechs Jahre 1948–1954. Tätigkeitsbericht des Zentralausschusses sowie der Abteilungen und Sekretariate des Oekumenischen Rates der Kirchen, Genf 1954, S. 128–135, hier S. 132.
[92] Ebd., S. 133.

Anerkennung dessen beruhen muss, dass Christus das göttliche Haupt des Leibes ist.«[93]

Eine erste offizielle Beschreibung von gegenseitiger Anerkennung als Einheitsmodell findet sich in dem vorläufigen Studiendokument ›Vorstellungen der Einheit und Modelle der Einigung‹ der Kommission für Glauben und Kirchenverfassung aus dem Jahr 1973. Dort heißt es: »Die Einheit kann als verwirklicht gelten, wenn zwei Kirchen sich gegenseitig in vollem Umfang anzuerkennen vermögen. Die beiden Partner sind dann in der Lage, einander ohne Vorbehalte als Kirche Jesu Christi zu verstehen. Sie können sich darum gegenseitig annehmen. Sie können die Eucharistie miteinander feiern. Sie können zulassen, dass die Amtsträger der anderen Kirche ihre Funktionen in der eigenen Kirche ausüben. Sie bleiben aber organisatorisch voneinander getrennt. Die gegenseitige Anerkennung verändert, jedenfalls zunächst, die geschichtlich gewordene Gestalt der beiden Kirchen nicht. Die Bedingungen für die gegenseitige Anerkennung wechseln natürlich je nach den Partnern, die einander gegenüberstehen. Beispiele für diese Art der Einigung sind die Abmachungen zwischen der Anglikanischen Kommunion und der Altkatholischen Kirche, die vorgeschlagene Kirchengemeinschaft zwischen lutherischen und reformierten Kirchen in Europa usw.«[94] Gegenseitige Anerkennung wird hier also mit dem Modell der Kirchengemeinschaft identifiziert (welches im Jahr der Abfassung dieses Studiendokuments durch die Leuenberger Konkordie verwirklicht worden ist). In der Tat gibt es starke inhaltliche Bezüge zwischen diesen beiden Zielvorstellungen – wobei festgehalten werden kann, dass volle

---

[93] Ebd., S. 131.

[94] Kommission für Glauben und Kirchenverfassung: Vorstellungen der Einheit und Modelle der Einigung. Ein vorläufiges Studiendokument. In: Ökumenische Centrale, Materialdienst, Nr. 17, 1973, S. 1–18, hier S. 9. Die hier entwickelten Gedanken wurden fortgeschrieben im Bericht der *Faith and Order*-Arbeitstagung in Salamanca aus demselben Jahr mit dem Titel ›Die nächsten Schritte auf dem Weg zur Einheit der Kirche‹ (*The Unity of the Church – Next Steps*).

gegenseitige Anerkennung eine notwendige *Vorausset-zung* für Kirchengemeinschaft ist.

Die Nähe zum Modell der Kirchengemeinschaft markiert zugleich die Beschränkung des Modells der gegenseitigen Anerkennung im ökumenischen Dialog: Während es evangelischerseits breite Zustimmung findet, gilt es aufgrund seiner strukturellen Unterbestimmtheit den meisten katholischen Theologen als nicht ausreichend. So hat WALTER KASPER, ehemaliger Präsident des Päpstlichen Rates zur Förderung der Einheit der Christen, konstatiert: »Dieses Modell hat sich für die Wiederherstellung der innerreformatorischen Einheit als hilfreich erwiesen, es hat jedoch seine Grenze darin, dass der hier vorgeschlagene Weg weder für die katholische Kirche noch für die orthodoxen Kirchen und für die anglikanische Gemeinschaft möglich ist.«[95] Wir haben bereits gesehen, dass diese Vorbehalte in Bezug auf die anglikanische Kirche nicht unbedingt zutreffen.

8. Versöhnte Verschiedenheit

Versöhnte Verschiedenheit steht (ebenso wie gegenseitige Anerkennung) in engem sachlichen Zusammenhang mit dem Modell der Kirchengemeinschaft. Man könnte sagen, dass gegenseitige Anerkennung, versöhnte Verschiedenheit und Kirchengemeinschaft drei ähnliche Ausdrucksformen für dasselbe Einheitsverständnis sind. Oder auch, dass gegenseitige Anerkennung und versöhnte Verschiedenheit die Voraussetzungen für Kirchengemeinschaft beschreiben: Gegenseitige Anerkennung bezieht sich dabei eher auf die *institutionelle* Dimension; versöhnte Verschiedenheit formuliert die *konzeptionelle* Grundlage. Auch bei versöhnter Verschiedenheit handelt es sich also nicht unbedingt um ein konkretes,

---

[95] KASPER, WALTER: Herausforderung zum Dialog. Gegenwärtige ökumenische Situation und künftige Perspektiven der Ökumene. In: KNA – Dokumentation, Nr. 6, 2003, S. 1–12, hier S. 9.

eigenständiges Einheitsmodell, da es mit dem Modell der Kirchengemeinschaft aufs Engste verknüpft ist (deshalb wird es hier als ›Einheitskonzept‹ bezeichnet). Zugleich erfreut sich die Formulierung ›versöhnte Verschiedenheit‹ großer Beliebtheit in der ökumenischen Diskussion (im Deutschen auch wegen der eingängigen Alliteration; die englische Übersetzung *reconciled diversity* hat sich weniger durchgesetzt). Vertreter der verschiedensten Kirchen haben sich für diese Zielvorstellung ausgesprochen, sodass man schon fast glauben könnte, ein gemeinsames Einheitsmodell sei gefunden und müsse nur noch verwirklicht werden. Bei näherem Zusehen stellt sich allerdings heraus, dass es sich dabei weitgehend um einen *Verbalkonsens* handelt, weil jeder unter versöhnter Verschiedenheit etwas anderes versteht, sodass dieser Begriff letztlich eher zur Verwirrung beigetragen hat als dass er ein konsensfähiges Einheitsmodell beschreibt.[96]

Was bedeutet versöhnte Verschiedenheit? Das kann man am besten von HARDING MEYER, dem ›geistigen Vater‹ dieses Einheitsmodells, erfahren. Er konstatiert: »Die ökumenische Aufgabe ist nicht die Beseitigung der Verschiedenheiten, sondern die Versöhnung der Verschiedenheiten und ihre Überführung in Gemeinschaft.«[97] Denn: »Einheit darf sich nicht an der Zahl ›1‹, sondern muss sich am Wesen von Gemeinschaft orientieren.«[98] *Verschiedenheit* wird nach diesem Verständnis also als bleibend wichtig für die Einheit der Kirche betrachtet. Dabei bedeutet Verschiedenheit mehr als der gängige, harmlos klingende Begriff der *Vielfalt* – Verschiedenheit

---

[96] Vgl. KOSLOWSKI, JUTTA: »Versöhnte Verschiedenheit von Schwesterkirchen?« Über die Begriffs- und Bedeutungsvielfalt in der Diskussion um die Einheit der Kirche. In: Münchener Theologische Zeitschrift, Jg. 60, 2009, S. 314–326.

[97] MEYER, HARDING: »Einheit in versöhnter Verschiedenheit« – Lutherische Perspektiven, 1982, S. 1–22 [unveröffentlicht], hier S. 2.

[98] MEYER, HARDING: »Einheit in versöhnter Verschiedenheit« – »konziliare Gemeinschaft« – »organische Union«. Gemeinsamkeit und Differenz gegenwärtig diskutierter Einheitskonzeptionen. In: Ökumenische Rundschau, Jg. 27, 1978, S. 377–400, hier S. 381.

weist darauf hin, dass es um echte Kontroversen geht, die ausgehalten werden müssen. Das Hauptanliegen von versöhnter Verschiedenheit besteht darin, dass Verschiedenheiten bestehen bleiben dürfen, aber ihren trennenden Charakter verlieren. Dies geschieht nicht einfach von selbst, sondern bedarf eines aktiven Prozesses der *Versöhnung*. Deshalb sollte der Name dieses Einheitskonzepts nicht (wie üblich) abgewandelt oder verkürzt werden, etwa zu ›Einheit in Verschiedenheit‹ oder ›Einheit in Vielfalt‹.[99] Im Gegenteil, MEYER schlägt vor, die ausführlichere Formulierung ›Einheit in versöhnter Verschiedenheit‹ zu verwenden, um deutlich zu machen, dass es letztlich um das Ziel der *Einheit* geht. Auch in dieser Formulierung bleibt es allerdings dabei, dass ›Verschiedenheit‹ das Hauptwort bildet, während ›versöhnt‹ nur als Beiwort erscheint. Dabei sollte die Verschiedenheit bei diesem Einheitskonzept nicht überbetont werden; auch Verschiedenheiten haben ihre Grenze, wie der ÖRK auf seiner 9. Vollversammlung in Porto Alegre/2006 klargestellt hat: »Manche Formen von Verschiedenheit bringen Gottes Barmherzigkeit und Güte zum Ausdruck; diese müssen wir durch Gottes Gnade und in der Kraft des Heiligen Geistes erkennen und wahrnehmen. Andere spalten die Kirche; diese müssen durch die Gaben des Geistes, nämlich Glauben, Hoffnung und Liebe, überwunden werden, damit Trennung und Ausschluss nicht das letzte Wort haben.«[100]

Die Verschiedenheiten, welche so miteinander versöhnt werden sollen, dass sie nicht mehr zur Trennung führen, sondern die Einheit der Kirche ermöglichen, sind in diesem Einheitskonzept *konfessionelle* Verschiedenheiten, d.h. Unterschiede im Bekenntnis (engl. *confession*) zwischen den Kirchen. Es geht also nicht (wie bei

---

[99] Vgl. MEYER, HARDING: »Versöhnte Verschiedenheit« als Basis der Ökumene. In: LWF/LWB-Information, Nr. 43, 1975, S. 12–13, hier S. 12.
[100] Ökumenischer Rat der Kirchen: Berufen, die eine Kirche zu sein, Nr. 5. In: WILKENS, KLAUS (Hg.): In deiner Gnade, Gott, verwandle die Welt. Offizieller Bericht der Neunten Vollversammlung des Ökumenischen Rates der Kirchen Porto Alegre 2006, Frankfurt 2007, S. 234–241, hier S. 236 f.

organischer Union) nur um geographische, sprachliche oder kulturelle Unterschiede, sondern um das Herzstück des Glaubens: Kirchen mit verschiedenem Bekenntnisstand sollen (wie bei der Leuenberger Konkordie) miteinander versöhnt werden bzw. Kirchengemeinschaft schließen. Dabei führt versöhnte Verschiedenheit über das Modell der Kirchengemeinschaft noch hinaus, denn zumindest im ursprünglichen Konzept waren verbindliche überkirchliche Leitungsstrukturen und eine Verwirklichung der Gemeinschaft auch auf der universalen Ebene vorgesehen.[101]

Der Begriff ›versöhnte Verschiedenheit‹ entstand im Jahr 1974 bei einer Konsultation in Genf zwischen dem ÖRK und Vertretern der konfessionellen Weltbünde. HARDING MEYER als Vertreter des Lutherischen Weltbundes hat diese Formulierung damals geprägt (die im Konsultationsbericht zunächst als *reconciled diversity* bezeichnet wurde und dann als ›versöhnte Mannigfaltigkeit‹ rückübersetzt worden ist).[102] Im Abschlussbericht dieser Konsultation heißt es: »Wenn die bestehenden Unterschiede zwischen den Kirchen ihren trennenden Charakter verlieren, dann entsteht die Vision einer Einheit, die den Charakter der ›versöhnten Mannigfaltigkeit‹ besitzt.«[103] Hier wird der Grundgedanke auf den Punkt gebracht – und auch, wie dieses Einheitskonzept in der Praxis umgesetzt werden könnte, wird hier bereits beschrieben: eine ›Bundesformel‹, mit der sich die

---

[101] Vgl. MEYER: Einheit in versöhnter Verschiedenheit, S. 18 f.

[102] Ein Jahr später, auf der 6. Vollversammlung des Lutherischen Weltbundes in Daressalam/1974, wurde der Begriff ›versöhnte Verschiedenheit‹ offiziell rezipiert und hat sich in der Folge weithin durchgesetzt. Vgl. HEßLER, HANS-WOLFGANG/THOMAS, GERHARD (Hg.): Daressalam 1977. In Christus – eine neue Gemeinschaft. Offizieller Bericht der Sechsten Vollversammlung des Lutherischen Weltbundes (epd-Dokumentation, Bd. 18), Frankfurt [ca. 1977], S. 204–206, hier S. 204.

[103] Lutherischer Weltbund: Die ökumenische Rolle der konfessionellen Weltbünde in der einen ökumenischen Bewegung. Ein Diskussionspapier, S. 1–17, hier S. 10 [unveröffentlicht. In Auszügen abgedruckt in: GAßMANN, GÜNTHER/MEYER, HARDING: Die Einheit der Kirche. Voraussetzungen und Gestalt (LWB-Report Nr. 15), Stuttgart 1983, S. 29–34].

beteiligten Kirchen aneinander binden; ein Akt gegenseitiger Anerkennung der Taufe und der Ämter; die Ausweitung der eucharistischen Gemeinschaft; die gegenseitige Bitte um Vergebung mit einem gemeinsamen Akt der Buße; sowie gemeinsames Zeugnis und gemeinsamer Dienst.[104] Diese Elemente entsprechen im wesentlichen den bekannten Vorschlägen, wie sie beispielsweise 1961 in der Einheitsformel von Neu-Delhi und 1973 im Salamanca-Bericht formuliert worden sind; neu und charakteristisch für das Modell der versöhnten Verschiedenheit ist die Forderung nach Vergebungsbitte und Bußakt, wodurch die Notwendigkeit der Versöhnung betont wird.

Für solche ökumenischen Versöhnungsgottesdienste liegen ausgearbeitete Liturgien sozusagen in der Schublade bereit. So hat etwa der Ökumeniker HANS-GEORG LINK vorgeschlagen, den Millenniumswechsel dadurch zu begehen, dass Vertreter aller Kirchen in Jerusalem am Pfingstfest im Jahr 2000 zu einer konziliaren Versammlung zusammenkommen und in der Grabeskirche einen Versöhnungsgottesdienst feiern, für dessen Ablauf er detaillierte Vorschläge macht.[105] Zwar hat sich diese Hoffnung nicht erfüllt, doch es wurden bei anderen Gelegenheiten gute Erfahrungen damit gesammelt, wie solche Versöhnungsfeiern praktisch umgesetzt werden können[106] – etwa zwischen Lutheranern und Mennoniten bei

---

[104] Ebd.

[105] LINK, HANS-GEORG: Bekennen und Bekenntnis (Bensheimer Hefte, Ht. 86/Ökumenische Studienhefte, Bd. 7), Göttingen 1998, S. 2016 f.

[106] Vgl. ACCATTOLI, LUIGI: Wenn der Papst um Vergebung bittet. Alle »mea culpa« Johannes Pauls II. an der Wende zum dritten Jahrtausend, Innsbruck 1999; ENXING, JULIA/KOSLOWSKI, JUTTA: (Hg.): Confessio. Schuld bekennen in Kirche und Öffentlichkeit (Beihefte zur Ökumenischen Rundschau, Bd. 118), Leipzig 2018; Internationale Theologische Kommission: Erinnern und Versöhnen. Die Kirche und die Verfehlungen in ihrer Vergangenheit, Hg. MÜLLER, GERHARD LUDWIG (Neue Kriterien, Bd. 2), Einsiedeln ³2000; SARALE, NICOLINO (Hg.): Wir fürchten die Wahrheit nicht: der Papst über die Schuld der Kirche und der Menschen, Graz/Wien/Köln 1997.

der 11. Vollversammlung des Lutherischen Weltbundes in Stuttgart/2010.[107]

Während die meisten Ideen, die in der ökumenischen Diskussion entwickelt worden sind, weitgehend wirkungslos bleiben, weil sie nicht ausreichend rezipiert werden, hat das Konzept der versöhnten Verschiedenheit viel Beachtung und Zustimmung gefunden – auch über die Konfessionsgrenzen hinaus. Auf katholischer Seite haben sich so namhafte Theologen wie WALTER KASPER,[108] HEINRICH FRIES und KARL RAHNER[109] für versöhnte Verschiedenheit ausgesprochen. Papst JOHANNES PAUL II. bezeichnet in seiner Ökumene-Enzyklika *Ut unum sint* die »Einheit in der legitimen Verschiedenartigkeit« als Zielvorstellung kirchlicher Einheit.[110] In der ›Gemeinsamen offiziellen Feststellung‹ zur ›Gemeinsamen Erklärung zur Rechtfertigungslehre‹ wird zwischen katholischer Kirche und Lutherischem Weltbund verbindlich ausgesprochen, dass das gemeinsame Ziel darin besteht, »zu voller Kirchengemeinschaft, zu einer Einheit in Verschiedenheit zu gelangen, in der verbleibende Unterschiede miteinander

---

[107] Vgl. Lutherischer Weltbund: Erklärung. Beschlussfassung zum Erbe der lutherischen Verfolgung von Täuferinnen und Täufern. In: DERS.: Unser tägliches Brot gib uns heute. Elfte LWB-Vollversammlung, Stuttgart, Deutschland, 20. – 27. Juli 2010. Offizieller Bericht, Genf 2010; FLEISCHMANN-BISTEN, WALTER: Schuldbekenntnis ohne Tischgemeinschaft. Anmerkungen zum »emotionalen Höhepunkt« der LWB-Vollversammlung in Stuttgart. In: Materialdienst des Konfessionskundlichen Instituts, Jg. 61, 2010, S. 81 f.

[108] KASPER, WALTER: Gegenwärtige ökumenische Situation und künftige Perspektiven der Ökumene. In: Materialdienst des Konfessionskundlichen Instituts, Jg. 54, 2003, S. 68–75, hier S. 68, 70, 71, 74 und 75; KASPER, WALTER: Grundkonsens und Kirchengemeinschaft. Zum Stand des ökumenischen Gesprächs zwischen katholischer und evangelisch-lutherischer Kirche. In: Theologische Quartalschrift, Jg. 167, 1987, S. 161–181, hier S. 169; KASPER, WALTER: Situation und Zukunft der Ökumene. In: Theologische Quartalschrift, Jg. 181, 2001, S. 175–190, hier S. 179.

[109] FRIES, HEINRICH/RAHNER, KARL: Einigung der Kirchen – reale Möglichkeit. Erweiterte Sonderausgabe. Mit einer Bilanz »Zustimmung und Kritik« von HEINRICH FRIES (Quaestiones disputatae, Bd. 100), Freiburg 1985, S. 32 und 124.

[110] JOHANNES PAUL II.: Ut unum sint (Verlautbarungen des Apostolischen Stuhls, Nr. 121), Bonn 1995; Nr. 54.

›versöhnt‹ würden und keine trennende Kraft mehr hätten.«[111] Damit wird von höchster offizieller Stelle versöhnte Verschiedenheit zur gemeinsamen Zielvorstellung zwischen katholischer und evangelischer Kirche erklärt.

Dennoch bleibt es fraglich, ob sich das Einvernehmen nur auf die griffige Formel bezieht und ob die darin enthaltenen Prämissen und Implikationen konsensfähig sind. Ist die theologische Legitimität der Konfessionen und ihrer institutionellen Gestalt tatsächlich gegeben? Oder ist es nicht vielmehr so, dass *konfessionelle* Verschiedenheiten nach dem Neuen Testament *nicht* zu den legitimen und daher dauerhaften Verschiedenheiten innerhalb der christlichen Kirche gehören, und dass hierin ein grundsätzlicher Unterschied zwischen Verschiedenheiten des Glaubens und anderen Verschiedenheiten (etwa denjenigen von Sprache und Kultur) besteht? Schließlich sollte nicht vergessen werden, dass in den ersten Jahrhunderten der Alten Kirche eine beeindruckende Vielfalt auch ohne die Aufteilung in verschiedene Kirchentümer möglich war und dass die Entstehung der Konfessionskirchen historisch jeweils auf ein Schisma zurückzuführen ist, also mit dem bedauerlichen Phänomen der Kirchenspaltung zusammenhängt. Deshalb stellt sich die Frage, ob Christen weiterhin ihre konfessionelle Identität kultivieren sollen, oder ob stattdessen eine konfessionsübergreifende christliche Identität erstrebenswert ist.

9. Teilkirchen-Modell

Während die Einheitsmodelle, die wir bisher betrachtet haben, allesamt der evangelischen Tradition entstammen, handelt es sich beim Teilkirchen-Modell um ein

---

[111] Vereinigte Evangelisch-Lutherische Kirche Deutschlands (Hg.): Die Gemeinsame Erklärung zur Rechtfertigungslehre. Alle offiziellen Dokumente von Lutherischem Weltbund und Vatikan (Texte aus der VELKD, Nr. 87/1999), Hannover 1999, S. 30.

genuin katholisches Konzept.[112] Es steht in unmittelbarem Zusammenhang mit der Ekklesiologie der katholischen Kirche. Denn für die katholische Theologie ist das Prinzip der Teilkirche konstitutiv: »In ihnen und aus ihnen besteht die eine und einzige katholische Kirche.«[113] Mit dieser wichtigen Aussage wurde die Eigenständigkeit der Teilkirchen (die aufgrund des römischen Zentralismus jahrhundertelang vernachlässigt worden ist) neu hervorgehoben. Teilkirchen sind demnach keineswegs nur ein Teil der Gesamtkirche, sondern sie sind selbst Kirche im vollen Sinn des Wortes, denn alle Elemente der wahren Kirche sind in ihnen verwirklicht (mit Ausnahme der universalen Dimension der päpstlichen Sendung, die freilich nach katholischem Verständnis von großer Bedeutung ist).

Früher hat man von *Ortskirchen* gesprochen, damit deutlich wird, dass die katholische Kirche nach einem territorialen Prinzip aufgebaut ist. Heute verwendet man eher den Begriff *Partikular-* oder *Teilkirchen*, um die gegenseitige Verwiesenheit von Gesamtkirche und Teilkirchen zu betonen. Eine Teilkirche besteht aus einem *Bistum*, das auch als *Diözese* bezeichnet wird. Denn nur hier (und nicht in noch kleineren Einheiten wie etwa einer einzelnen Kirchengemeinde) sind alle für die Kirche konstitutiven Eigenschaften vorhanden – einschließlich des Bischofsamtes, das für die volle Entfaltung des Weihesakraments und des Amtes als unverzichtbar gilt. Ein Bistum wird von einem Bischof zusammen mit den ihm unterstellten Priestern und Diakonen in Gemeinschaft mit dem Papst geleitet. Die Gemeinschaft der Ortskirchen wird *communio communiorum, communio ecclesiarum* oder *ecclesia ecclesiarum* genannt. Neben den einzelnen Bistümern bezeichnet man in der ökumenischen Theologie

---

[112] Vgl. KOSLOWSKI, JUTTA: Das Teilkirchen-Modell als katholischer Beitrag zur Einheitsdiskussion. Möglichkeiten und Grenzen. In: Catholica, 2007, S. 279–304.

[113] Dogmatische Konstitution über die Kirche *Lumen Gentium*, Nr. 23. In: RAHNER/VORGRIMLER: Keines Konzilskompendium, S. 149.

insbesondere die *unierten Ostkirchen* als ›Teilkirchen‹. Sie zeichnen sich dadurch aus, dass sie über einen eigenständigen *Ritus* verfügen (d.h. ihre eigene Sprache, Liturgie und Tradition pflegen) und nach eigens für sie kodifiziertem Kirchenrecht verwaltet werden (für sie gilt nicht wie im lateinischen Ritus der *Codex Iuris Canonici*, sondern der *Codex Canonum Ecclesiarum Orientalium*). Der Gedanke, dass andere Konfessionskirchen – ähnlich wie die unierten Ostkirchen – als Teilkirchen innerhalb einer Gesamtkirche verstanden werden können, beinhaltet das Wesentliche des Teilkirchen-Modells. Dieser Gedanke ist für die katholische Theologie bahnbrechend; doch ähnlich wie bei versöhnter Verschiedenheit sind damit weitreichende Konsequenzen verbunden, die von den Befürwortern dieses Einheitsmodells kaum ausreichend bedacht worden sind.

Denn wie wir bereits gesehen haben, sind Teilkirchen auf einer territorialen Struktur begründet: Bistümer können sich nicht überschneiden, sondern nur aneinander grenzen, und in jedem Bistum gibt es nur einen einzigen Bischof.[114] Deshalb ist das Teilkirchen-Modell kaum geeignet, um die Vielfalt von *am selben Ort* vorhandenen Kirchen verschiedener Konfession zum Ausdruck zu bringen – es sei denn, man würde das alte Prinzip des ›kanonischen Territoriums‹ aufgeben, welches besagt, dass es an jedem Ort nur einen Bischof geben soll.[115] Um konfessionelle Pluralität zu bejahen, müsste das Teilkirchen-Modell grundlegend modifiziert werden. Dies gilt auch für die anderen Vorschläge zur Einheitsdiskussion, die von katholischer Seite eingebracht worden sind und allesamt eng mit dem Teilkirchen-Modell verwandt sind – etwa die

---

[114] Dem Bischof können für sakramentale Handlungen mehrere Weihbischöfe zur Seite stehen, aber sie haben keinen Anteil an der jurisdiktionellen Vollmacht des Ortsbischofs.

[115] Im Fall der unierten Ostkirchen ermöglicht das katholische Kirchenrecht tatsächlich eine parallele Jurisdiktion, sodass ein römisch-katholischer und ein griechisch-katholischer Bischof in derselben Stadt residieren können. Aber dies ist eine Ausnahme von der Regel, und es stellt sich die Frage, ob es zur neuen Regel werden soll.

Rede von ›Schwesterkirchen‹[116] oder von ›ekklesialen Typen‹,[117] von ›korporativer Wiedervereinigung‹[118] oder einer ›Gemeinschaft von Gemeinschaften‹[119] und auch für das ›Teilhabe-Modell‹, das von WOLFGANG THÖNISSEN entwickelt worden ist.[120]

Ein weiteres Problem beim Teilkirchen-Modell und seinen Varianten besteht darin, dass es zu einseitig eine bestimmte Tradition voraussetzt. Bezieht man andere Konfessionen mit ein, wird schnell klar, dass die unierten Ostkirchen allenfalls aus katholischer Perspektive als Vorbild betrachtet werden können; aus orthodoxer Sicht stellen sie dagegen ein schwerwiegendes ökumenisches Ärgernis dar und sind keineswegs geeignet, als Paradigma für die künftige Gestalt der Kirche zu dienen.[121]

Und schließlich sollte man nicht vergessen, dass das einigende Band, welches die Teilkirchen (sogar über verschiedene Riten hinweg) zusammenhält, die *Autorität des römischen Papstes* ist. Sein universaler Jurisdiktionsprimat muss von den Vorstehern aller Teilkirchen anerkannt werden – auf dieser Grundvoraussetzung basiert die Beziehung zwischen Partikular- und Universalkirche.

---

[116] JOHANNES PAUL II.: Ut unum sint (Verlautbarungen des Apostolischen Stuhls, Nr. 121), Bonn 1995, Nr. 56; Kongregation für die Glaubenslehre: Eine »Note« zum Begriff »Schwesterkirchen«. In: epd-Dokumentation, Nr. 43, 2000, S. 39 f.

[117] WILLEBRANDS, JAN: Moving Toward a Typology of Churches. In: Catholic Mind, Jg. 68, 1970, S. 35–42.

[118] TENHUMBERG, HEINRICH: Kirchliche Union bzw. korporative Wiedervereinigung. Überlegungen zu Ziel und Bedeutung ökumenischer Bestrebungen. In: DANIELSMEYER, WERNER/RATSCHOW, CARL HEINZ (Hg.): Kirche und Gemeinde [Festschrift HANS THIMME], Witten 1974, S. 22–33

[119] Bilaterale Arbeitsgruppe der Deutschen Bischofskonferenz und der Kirchenleitung der Vereinigten Evangelisch-Lutherischen Kirche Deutschlands: Communio Sanctorum. Die Kirche als Gemeinschaft der Heiligen, Paderborn/Frankfurt 2000, Nr. 143–152.

[120] THÖNISSEN, WOLFGANG: Gemeinschaft durch Teilhabe an Jesus Christus. Ein katholisches Modell für die Einheit der Christen, Freiburg 1996.

[121] Vgl. KOSLOWSKI, JUTTA: Der Streit um die Einheit: Das Problem des Uniatismus und der orthodox-katholische Dialog. In: Una Sancta, Jg. 66, Ht. 1, 2011, S. 50–60.

Gerade diese Voraussetzung wird aber von der restlichen Christenheit beharrlich abgelehnt. Orthodoxe Christen sind zwar bereit, in Übereinstimmung mit der altkirchlichen Tradition und den Kanones der altkirchlichen Konzilien dem Bischof von Rom einen ›Ehrenprimat‹ zuzugestehen, aber sein Anspruch auf einen Jurisdiktionsprimat erscheint nicht konsensfähig. In der evangelischen Christenheit geht die Ablehnung des Papsttums noch weiter – war es doch nicht zuletzt dieses Problem, an dem die Einheit der Westkirche in der Reformationszeit zerbrochen ist. Auch wenn der ökumenische Dialog hier manche Annäherungen gebracht hat und der lutherische Vorwurf vom Papst als ›Antichrist‹ inzwischen obsolet geworden ist,[122] erscheint es dennoch als ausgeschlossen, dass man sich auf ein Einheitsmodell einlässt, welches die Anerkennung einer weltweiten und uneingeschränkten Autorität des Papstes erfordern würde.

So muss man wohl eingestehen, dass das Teilkirchen-Modell als ökumenische Zielvorstellung wenig geeignet ist. Letztlich besteht seine Schwäche wohl darin, dass es grundlegende Unterschiede zwischen Ortskirchen und Konfessionskirchen gibt, die hier nicht genügend beachtet werden: Eine Konfessionskirche versteht sich *per definitionem* nicht als territoriale Größe, sondern sozusagen als ›Universalkirche‹, die an ein bestimmtes Bekenntnis gebunden ist. Wollte man das Teilkirchen-Modell verwirklichen, so müsste sich die katholische Kirche selbst als ›Teilkirche‹ innerhalb der einen universalen Kirche Jesu Christi verstehen, um den anderen ›Schwesterkirchen‹ gleichrangig zu begegnen.

---

[122] Vgl. die Stellungnahme der VELKD zu den von Martin Luther verfassten Schmalkaldischen Artikeln, Artikel 4: Vom Papsttum. In: Pöhlmann, Horst Georg (Hg.): Unser Glaube. Die Bekenntnisschriften der evangelisch-lutherischen Kirche, Gütersloh ³1991, S. 466.

10. Koinonia

Zum Schluss wollen wir uns einem Einheitsmodell zuwenden, das unter dem Namen ›Koinonia‹ bekannt geworden ist; es ist der neueste unter den großen Entwürfen, die in die Diskussion um Zielvorstellungen kirchlicher Einheit eingebracht worden sind. Das Wort *koinonia* stammt aus dem Griechischen und bedeutet (ebenso wie das lateinische *communio*) so viel wie ›Gemeinschaft‹. Mit diesem Begriff wurde schon im Neuen Testament[123] und in den Schriften der Kirchenväter beschrieben, wie die Einheit der Kirche beschaffen sein sollte. Deshalb wird dieser Ausdruck in der orthodoxen Christenheit hoch geschätzt, und er bezeichnet ein Einheitsmodell, das in verschiedenen Traditionen anschlussfähig ist und Zustimmung gefunden hat. Der wesentliche Gedanke besteht darin, dass die Gemeinschaft der Christen untereinander in ihrer Gemeinschaft mit Christus begründet ist. Diese Gemeinschaft besteht also nicht unmittelbar, sondern ist vermittelt durch die gemeinsame Teilhabe an Christus, wie sie in der Eucharistie erfahrbar wird. Die christliche Gemeinschaft soll so gestaltet sein, wie die Gemeinschaft von Christus mit dem Vater ist. Sie wird also nicht auf die horizontale Ebene beschränkt, sondern an die vertikale Dimension zurückgebunden. Einheit, die als Koinonia verstanden wird, konzentriert sich deshalb nicht auf den organisatorischen oder gar juristischen Bereich, sondern sie beschreibt eine geistliche Wirklichkeit. Diese Einheit zielt nicht auf Uniformität, sondern auf Pluralität, die in der Vielfalt des dreifaltigen Gottes begründet ist.

Dies sind zweifellos wichtige Einsichten über das Wesen von Gemeinschaft; allerdings wird damit kein konkretes Einheitsmodell zum Ausdruck gebracht – deshalb sollte man auch im Fall von Koinonia besser von einem Einheitskonzept sprechen. Einheit wird hier nicht in Bezug auf ihre sichtbaren Strukturen (also sozusagen von außen her) beschrieben, sondern im Hinblick auf die

---

[123] Vgl. z.B. Apg 2, 41.42 u.ö.

Qualität des Zusammenlebens von Christen und Kirchen. Dabei gibt die Koinonia-Theologie kaum Hinweise auf die reale Gestalt der angestrebten Einheit – geschweige denn, wie sie zu erreichen wäre. Vielleicht ist es gerade die inhaltliche Unbestimmtheit, die zum Erfolg dieses Konzepts beigetragen hat, weil sich jeder bis zu einem gewissen Ausmaß darin wiederfinden kann: Für Katholiken lässt sich das Bekenntnis zu Koinonia verbinden mit dem Anliegen der Gemeinschaft der Bischöfe mit und unter dem Papst; für Orthodoxe mit dem Beharren auf der Tradition der Alten Kirche, wo der Koinonia-Begriff von großer Wichtigkeit war; für Anglikaner mit den Bedingungen des Lambeth-Quadrilaterals; für Evangelische mit der Betonung der Verborgenheit der Kirche und der strukturellen Freiheit; für Freikirchen schließlich mit der Unabhängigkeit der Einzelgemeinde und der Betonung der Einheit vor Ort.[124]

Schon im Kommentar zur Einheitsformel von Neu-Delhi, welche die Einheit als »völlig verpflichtete Gemeinschaft« bezeichnet hatte, wird der Koinonia-Begriff entfaltet. Dort heißt es: »Das Wort ›Gemeinschaft‹ (koinonia) wurde gewählt, weil es aussagt, was die Kirche in Wahrheit ist. ›Gemeinschaft‹ setzt eindeutig voraus, dass die Kirche nicht lediglich eine Institution oder Organisation ist. Sie ist die Gemeinschaft derer, die durch den Heiligen Geist zusammengerufen sind und in der Taufe Christus als Herrn und Heiland bekennen. Sie sind daher Ihm und einander ›völlig verpflichtet‹. Eine solche Gemeinschaft bedeutet für diejenigen, die daran teilhaben, nichts geringeres als einen erneuerten Willen und Geist, eine volle Beteiligung am gemeinsamen Lob und Gebet, miteinander geteilte Buße und Vergebung, miteinander geteilte Leiden und Freuden, gemeinsames Hören auf das

---

[124] Vgl. Koslowski, Jutta: Mut zur Koinonia. Modelle der Einheit der Kirche aus evangelischer Sicht. In: Moga, Ioan/Augustin, Regina (Hg.): Wesen und Grenzen der Kirche. Beiträge des Zweiten Ekklesiologischen Kolloquiums (Pro Oriente, Bd. 39), Innsbruck (Tyrolia-Verlag) 2015, S. 285–295.

gleiche Evangelium und Antworten im Glauben, Gehorsam und Dienst, Sich-Vereinigen in der einen Sendung Christi in der Welt, eine sich selbst vergessende Liebe zu allen, für die Christus starb, und die versöhnende Gnade, welche alle Mauern der Rasse, Hautfarbe, Kaste, Stammeszugehörigkeit, des Geschlechts, der Klasse und Staatsangehörigkeit zerbricht. Diese ›Gemeinschaft‹ bedeutet aber keine strenge Uniformität des Aufbaues, der Organisation oder der Leitung. «[125]

Dieser frühen Umschreibung von Koinonia hat die katholische Kirche wenige Jahre später auf dem 2. Vatikanischen Konzil an prominenter Stelle ihre Interpretation des Communio-Begriffs hinzugefügt. Im Dekret über den Ökumenismus *Unitatis redintegratio* heißt es zu Beginn: »Der Heilige Geist, der in den Gläubigen wohnt und die ganze Kirche leitet und regiert, schafft diese wunderbare Gemeinschaft [communio] der Gläubigen und verbindet sie in Christus so innig, dass er das Prinzip der Einheit der Kirche ist. [...] Höchstes Vorbild und Urbild dieses Geheimnisses ist die Einheit des einen Gottes, des Vaters und des Sohnes im Heiligen Geist in der Dreiheit der Personen.«[126]

Begriff und Konzept der Koinonia-Ekklesiologie kamen umfassend auf einer Tagung der Kommission für Glauben und Kirchenverfassung zum Ausdruck, die 1990 in Budapest abgehalten worden ist. Dort heißt es: »Es fällt auf, dass für das Verständnis des Wesens der Kirche in fast allen Dialogen der Begriff *koinonia* zentral ist. Er liegt den neutestamentlichen Bezeichnungen für die Kirche wie etwa ›Volk Gottes‹, ›Tempel‹, ›Kirche‹, ›Braut‹, ›Leib Christi‹ zugrunde. *Koinonia* ist die Wirklichkeit, die diese verschiedenen Bilder des Neuen Testamentes in vielfältiger Weise zum Ausdruck bringen. Die Dialoge erkennen

---

[125] Visser't Hooft, Willem A. (Hg.): Neu-Delhi 1961. Dokumentarbericht über die Dritte Vollversammlung des Ökumenischen Rates der Kirchen, Stuttgart 1962, S. 133 f.
[126] *Unitatis redintegratio*, Nr. 2. In: Rahner/Vorgrimler: Kleines Konzilskompendium, S. 231 f.

den trinitarischen Grund der *koinonia* an. *Koinonia* ist Teilhabe am Leben Gottes aufgrund der Verbundenheit mit Christus in der Kraft des Heiligen Geistes. Dieses göttliche Leben macht die Christen auch untereinander eins. So fasst der Begriff *koinonia* beides zusammen: den göttlichen Ursprung des Lebens der Kirche und die sichtbare Versammlung des Volkes Gottes.«[127] Auch die strukturellen Aspekte von Koinonia werden in diesem Bericht aufgezählt – einschließlich der damit noch verbundenen Schwierigkeiten: »Alle Dialoge stimmen darin überein, dass es eine ganze Anzahl von sichtbaren Elementen der *koinonia* gibt: das Bekenntnis des Glaubens im Wort und im Leben; die Taufe, die die Berufung zum Zeugnis in der Welt einschließt; eine Eucharistie, in die die Nöte der Welt eingebracht sind, und von der her wir die Sendung haben, zur Ehre Gottes zu leben und zu wirken; ein ordinationsgebundenes Amt, das der Gemeinschaft dient und sie zum Dienst stärkt; Güterteilung – sowohl geistlich als auch materiell – und auch strukturelle Bande der Gemeinschaft, die ein gemeinsames Zeugnis und eine gemeinsame Antwort auf die Nöte der Welt ermöglichen. Es besteht jedoch noch keine Übereinstimmung darüber, inwieweit all diese sichtbaren Äußerungen von Gemeinschaft für die volle sichtbare Einheit der Kirche notwendig sind.«[128] Der Bericht schließt mit der Hoffnung: »Wir glauben, dass in dieser Perspektive von *koinonia* die noch bestehenden Differenzen sehr wahrscheinlich behoben werden können.«[129]

Ein Jahr später wurde die Koinonia-Ekklesiologie dann auf der 7. Vollversammlung des Ökumenischen Rates der Kirchen in Canberra rezipiert und damit vom höchsten repräsentativen Organ der ökumenischen Bewegung offiziell als Zielvorstellung angenommen. In dem

---

[127] Kommission für Glauben und Kirchenverfassung: Fünftes Forum über Bilaterale Dialoge. Einsichten aus 25 Jahren bilateraler Dialoge. In: Una Sancta, Jg. 46, 1991, S. 75–88, hier S. 81.
[128] Ebd., S. 84.
[129] Ebd., S. 85.

Dokument ›Die Einheit der Kirche als Koinonia: Gabe und Berufung‹ heißt es: »Die Einheit der Kirche, zu der wir berufen sind, ist eine Koinonia, die gegeben ist und zum Ausdruck kommt im gemeinsamen Bekenntnis des apostolischen Glaubens, in einem gemeinsamen sakramentalen Leben, in das wir durch die eine Taufe eintreten und das in der einen eucharistischen Gemeinschaft miteinander gefeiert wird, in einem gemeinsamen Leben, in dem Glieder und Ämter gegenseitig anerkannt und versöhnt sind, und in einer gemeinsamen Sendung, in der allen Menschen das Evangelium von Gottes Gnade bezeugt und der ganzen Schöpfung gedient wird. Das Ziel der Suche nach voller Gemeinschaft ist erreicht, wenn alle Kirchen in den anderen die eine, heilige, katholische und apostolische Kirche in ihrer Fülle erkennen können. Diese volle Gemeinschaft wird auf der lokalen wie auf der universalen Ebene in konziliaren Formen des Lebens und Handelns zum Ausdruck kommen. In einer solchen Gemeinschaft sind die Kirchen in allen Bereichen ihres Lebens auf allen Ebenen miteinander verbunden im Bekennen des einen Glaubens und im Zusammenwirken in Gottesdienst und Zeugnis, Beratung und Handeln.«[130] Diese ›Einheitsformel von Canberra‹ fasst noch einmal alle wesentlichen Aspekte der bisherigen Einheitsdiskussion unter dem Stichwort ›Koinonia‹ zusammen.

Dass diese Erklärung (wie das gesamte Bemühen um ökumenische Zielvorstellungen) praktisch wirkungslos geblieben ist, teilt sie mit ökumenischen Verlautbarungen insgesamt: Nicht ihre theologische Qualität, sondern die mangelnde Rezeption ist das Problem. Vielleicht liegt es einfach daran, dass solchen Dokumenten keine Verbindlichkeit zukommt – auch nicht bei den Kirchen, die an ihrer Entstehung beteiligt waren! Wollte man hier wirklich vorankommen, müsste man solchen Absichtserklärungen

---

[130] MÜLLER-RÖMHELD, WALTER (Hg.): Im Zeichen des Heiligen Geistes: Bericht aus Canberra 1991. Offizieller Bericht der Siebten Vollversammlung des Ökumenischen Rates der Kirchen, 7. bis 20. Februar 1991 in Canberra/Australien, Frankfurt 1991, S. 174.

einen Zeitplan beifügen, in dem festgelegt wird, welche *Schritte* auf dem *Weg* zu dem vereinbarten *Ziel* getan werden, von wem und bis wann – und wer dafür zuständig ist, über die Einhaltung dieser Verabredungen zu wachen. Dies aber würde erfordern, dass die Kirchen einen Teil ihrer Autonomie aufgeben, wozu sie bisher kaum bereit sind.

VI. Ökumene kreuz und quer: Gemeinschaft zwischen Konfessionen und Kontinenten

Bei den bisherigen Überlegungen zum Ziel der Ökumene und dem Weg dorthin waren vor allem die verschiedenen Konfessionen im Blick. D.h. es ging um die Aufteilung bzw. Spaltung der Kirche in verschiedene Bekenntnisse und um Möglichkeiten, diese Situation zu überwinden. Es gibt aber noch einen anderen Gesichtspunkt, unter dem man die christliche Vielfalt betrachten kann – nämlich in Hinsicht auf die verschiedenen Länder und Kulturen, in denen das Christentum Fuß gefasst hat. Dem entspricht es, dass der *Begriff ›Ökumene‹ zwei verschiedenen Bedeutungen* hat: Wenn evangelische Christen von Ökumene sprechen, dann haben sie eher die geographische Dimension im Sinn, d.h. es geht ihnen um die Gemeinschaft z.B. zwischen Lutheranern in Deutschland und ihren lutherischen Partnerkirchen in Südafrika. Dies bezeichnen Katholiken als *Mission*, denn für sie ist es selbstverständlich, dass eine Konfessionskirche wie ihre eigene weltweit verbreitet ist – und diese Ausbreitung geschieht durch Mission. Unter Ökumene verstehen katholische Christen dagegen den theologischen Austausch zwischen Kirchen mit unterschiedlichem Bekenntnis. Deshalb hat sich die katholische Kirche seit dem 2. Vatikanum in einer Vielzahl von internationalen bilateralen Dialogen engagiert.[131] Diesen Aspekt von Ökumene nennen Evangelische *Catholica* (denn die wichtigste Kirche, mit der sie theologische Dialoge führen, ist die katholische). So kommt es, dass der Ökumene-Referent eines katholischen Bistums ein

---

[131] Dokumentiert in dem eindrucksvollen Sammelwerk ›Dokumente wachsender Übereinstimmung‹, das inzwischen in vier Bänden vorliegt: MEYER, HARDING u.a. bzw. OELDEMANN, JOHANNES u.a. (Hg.): Dokumente wachsender Übereinstimmung. Sämtliche Berichte und Konsenstexte interkonfessioneller Gespräche auf Weltebene, 4 Bde., Paderborn/Frankfurt bzw. Leipzig 1983–2012.

Kollege der Catholica-Beauftragten der entsprechenden evangelischen Landeskirche ist, während die Ökumene-Referentin der Landeskirche mit dem Missions-Referenten im Bistum kooperiert.

Hinter diesen beiden Verständnissen des Begriffs Ökumene verbirgt sich aber noch mehr: Es geht um die mit der christlichen Mission verbundene Herausforderung der *Inkulturation des Christentums* (die theologisch mit der Inkarnation Gottes begründet wird). Und es geht um einen ekklesiologischen Mega-Trend, der sich zu Beginn des dritten Jahrtausends abzeichnet, nämlich den sogenannten *Shift of Christianity* vom *Global North* in den *Global South*.[132] Hierzu liegen beeindruckende Zahlen vor. In der westlichen Kultur schreitet die Säkularisierung massiv voran – so sind z.B. in Deutschland die beiden großen christlichen Volkskirchen in den letzten Jahren durch Kirchenaustritte jeweils um etwa 350 000 Mitglieder geschrumpft – dabei ist der Mitgliederschwund durch Sterbefälle und den demographischen Wandel noch nicht mit eingerechnet! In anderen europäischen Ländern wie z.B. Tschechien sieht die Situation ähnlich aus. Der Grund dafür besteht in nichts Geringerem als einem fundamentalen *Glaubwürdigkeitsverlust*. Allerdings gibt es bei dieser Entwicklung auch bedeutende Ausnahmen (wofür die Gründe nicht leicht zu benennen und jedenfalls komplex sind; sie liegen nicht nur im theologischen, sondern auch im historischen und kulturellen Bereich). Die bedeutendste dieser Ausnahmen in der westlichen Welt ist wohl die USA – die von ihrer Rolle als globale Leitkultur im religiösen Bereich abweicht. Hier versteht sich mehr als die Hälfte der Bevölkerung als überzeugte Christen *(born-again-Christians)* und besucht allsonntäglich den

---

[132] Vgl. GARDÂN, GABRIEL-VIOREL: The Changing Face of Christianity and New Outlines of Ecumenism in the 21st Century. In: FIELD, DAVID/KOSLOWSKI, JUTTA (Hg.): Prospects and Challenges for the Ecumenical Movement in the 21st Century. Insights from the Global Ecumenical Theological Institute (Global Series, Bd. 12), Genf 2016, S. 27–63.

Gottesdienst – mit wachsender Tendenz zu fundamentalistischen Positionen. Auch in unserem Nachbarland Polen stellt sich die Situation bemerkenswert anders dar: Etwa 90 % der Bevölkerung gehören hier der katholischen Kirche an, und es ist kein seltener Anblick, dass die Menschen während der sonntäglichen Eucharistiefeier auf der Straße knien, weil in den Kirchen kein Platz mehr zu finden ist.

Dies ändert jedoch nichts daran, dass der christliche Bevölkerungsanteil in den meisten Ländern des *Global North* stark rückläufig ist und dass Christen hier in vielen Fällen nicht mehr die Mehrheit bilden. So machte der Anteil von evangelischen und katholischen Kirchenmitgliedern in der Stadt Berlin im Jahr 2018 nur noch etwa 25 % an der Gesamtbevölkerung aus. Dies bedeutet: Der Schwerpunkt des Christentums liegt heute nicht mehr in Europa, sondern in Afrika, Asien und Lateinamerika – also den ehemaligen Missionsländern.

Manche verbinden diese Beobachtung mit der Hoffnung, dass es eine Gegenbewegung geben könnte, wodurch die früheren Missionsländer den christlichen Glauben zurück nach Europa bringen. Tatsächlich gibt es zahlreiche Migranten vom *Global South* in den *Global North*, welche neben ihrer Kultur und Sprache teilweise auch den christlichen Glauben mitbringen. Das hat zur Folge, dass sich in einer Stadt wie Frankfurt am Main an einem gewöhnlichen Sonntagvormittag inzwischen mehr Menschen in Migrationsgemeinden zum Gottesdienst versammeln als in beiden ›Volkskirchen‹ zusammengenommen. Allerdings handelt es sich dabei zumeist um in sich abgeschlossene Gemeinschaften, welche für ihre Mitglieder die wichtige Funktion erfüllen, ein Stück ›Heimat in der Fremde‹ zu bieten – dass missionarische Impulse von ihnen ausgehen, die auf die ortsansässige Bevölkerung zurückwirken, ist bislang kaum zu beobachten. Stattdessen stellt sich für die etablierten Kirchen die neue Aufgabe, ökumenische Beziehungen zu den Migrationsgemeinden aufzubauen. Hier ist in den letzten

Jahren manches geschehen – von Deutsch- oder Nähkursen für Ausländer bis hin zur Überlassung von Kirchengebäuden für den Gottesdienst.

Anstatt Migranten die Last aufzubürden, für eine Wiederbelebung der alten Konfessionen in Europa zu sorgen, sollten wir eher überlegen, welche Bedeutung der *Shift of Christianity* für die Ökumene hat. Schon jetzt ist deutlich, dass ganz neue Herausforderungen auf uns zukommen: Zusätzliche Konfliktlinien eröffnen sich, und es bilden sich ungewohnte Allianzen. Um es auf den Punkt zu bringen: Bei manchen Themen rücken die getrennten *Konfessionen* zusammen, während sich zwischen den *Kontinenten* Gräben auftun. Ein prominentes Beispiel dafür ist die Frage, wie wir mit dem Thema Homosexualität umgehen: In der westlichen Welt hat sich hier in den letzten Jahren ein rasanter Wandel in der Beurteilung vollzogen, der jedoch von Kirchen aus anderen Kulturkreisen kaum mitvollzogen wird. Während es beispielsweise in Deutschland oder Schweden als Ausweis einer liberalen Gesinnung gilt, jede sexuelle Orientierung als gleichwertig zu betrachten, gilt Homosexualität in fast allen afrikanischen Gesellschaften nach wie vor als Tabu. Was bedeutet das für die ›Ökumene kreuz und quer‹, für die Gemeinschaft nicht nur zwischen Konfessionen, sondern auch zwischen Kontinenten? Dieses Problem wird noch dadurch verschärft, dass in der Bibel Homosexualität strikt abgelehnt wird, sodass es keine einfache Handhabe dafür gibt, sie theologisch zu legitimieren bzw. in dieser Frage eine Entscheidung zu treffen.

Und es gibt noch weitere Probleme dieser Art: So wird etwa in einigen afrikanischen Partnerkirchen die Polygamie bejaht. Dies ist ein Teil ihrer Kultur – und es gibt für sie gute Gründe, daran festzuhalten, etwa die Versorgung von Frauen und Kindern in Gesellschaften, welche nicht über ausreichende staatliche Sozialsysteme verfügen. Auch hier kann die Tradition der Bibel angeführt werden, denn die Patriarchen Abraham, Isaak und Jakob hatten durchweg mehrere Frauen (von späteren Königen wie David und Salomo ganz zu schweigen). Eine Verurteilung dieser Praxis sucht man in der Bibel vergebens. Die Zeiten sind vorbei, wo Theologen aus dem Westen mit autoritär-paternalistischem Gestus Christen im *Global South* hierüber belehren könnten! Denn diese gehen längst ihre eigenen Wege und sind dabei, selbstbewusst eine Vielzahl von *indigenous theologies* zu entwickeln.

Was bedeutet dies für die Ökumene? Wo sollten wir angesichts von Globalisierung und Pluralität noch mehr Toleranz lernen? Und wo müssen im ethischen und theologischen Bereich Grenzen gezogen werden? Vor allem: Was sind die Kriterien hierfür? *Sola scriptura*, das Prinzip der Reformationszeit, scheidet dabei aus, nachdem das Dogma von der Irrtumsfreiheit der Heiligen Schrift durch die historisch-kritische Exegese widerlegt wurde und diese Erkenntnis sich inzwischen in fast allen Traditionen durchgesetzt hat. Sollen wir also für Amtsträger vom Erfordernis nicht nur des Zölibats, sondern auch der Monogamie Abstand nehmen? Doch wie stellen wir uns dann zur Praxis der weiblichen Genitalverstümmelung, die ebenfalls in vielen afrikanischen Kulturen tief verwurzelt ist? Wenn wir sie ablehnen, können wir dann mit der Bibel argumentieren – oder sollten wir uns lieber auf einen universalen Konsens wie die allgemeine Erklärung der Menschenrechte beziehen, um einen verbindlichen Standard zu erlangen?

Dies sind nur ein paar Beispiele für die Probleme, welchen sich die Ökumene an der Schwelle des dritten Jahrtausends gegenüber sieht. Traditionelle Streitpunkte wie etwa die Transsubstantationslehre beim Abendmahl lassen wir dadurch weit hinter uns zurück. Um diese neuen Herausforderungen zu bewältigen, dürften sich die bereits zu Beginn des 20. Jahrhunderts etablierten Prinzipien als hilfreich erweisen: Wir sollten uns zunächst einmal unvoreingenommen kennen lernen – und hier gibt es auch im Zeitalter des *Global Village* noch eine Menge Nachholbedarf (z.B. durch Begegnungsreisen, theologische Austauschprogramme usw.). Nach dem Motto ›den anderen kennen wie sich selbst‹ sollten wir miteinander einen Dialog auf Augenhöhe führen. In dessen Verlauf können wir lernen, dass es viele verschiedene Antworten auf die uns gemeinsamen Fragen gibt – und welches die wirklich wichtigen Überzeugungen sind, an denen wir festhalten wollen.

VII. Ökumene am Rand:
Gemeinschaft
zwischen großen und kleinen Kirchen

Das Thema ›Ökumene kreuz und quer‹ überschneidet sich noch mit einer weiteren Herausforderung für die Ökumene, nämlich mit der ›Ökumene am Rand‹, also der Gemeinschaft zwischen großen und kleinen Kirchen bzw. zwischen den sogenannten ›Volkskirchen‹ und den ›Freikirchen‹.[133] Denn die meisten der neuen Christentümer in der südlichen Welt sind dem Typus der Freikirchen zugehörig. Dagegen gehören Freikirchen in Deutschland zu den Minderheiten im ökumenischen Miteinander. Weil diese Kirchen hierzulande klein sind, müssen sie immer wieder gegen den Verdacht ankämpfen, eine ›Sekte‹ zu sein. Es gibt jedoch grundsätzliche *Unterschiede zwischen Freikirche und Sekte*, und die Kriterien hierfür lassen sich klar benennen. Sie bestehen jedenfalls *nicht* darin, dass eine Gemeinschaft nur wenige Anhänger hat oder ungewöhnliche Ideen vertritt: An *diesem* Anspruch gemessen hätte auch das Christentum in seinen Anfangszeiten als Sekte betrachten werden müssen – und tatsächlich ist genau dies der Fall gewesen (einschließlich der verhängnisvollen Konsequenzen, die von gesellschaftlicher Ausgrenzung bis hin zur gewaltsamen Verfolgung reichen). Als Christen sollten wir daher eigentlich besonders sensibel für das Schicksal von Minderheiten sein und darauf achten, dass keine Gruppe vorschnell als Sekte verurteilt wird.

Der Begriff ›Freikirche‹ ist als Gegenmodell zur ›Staatskirche‹ entstanden. Er bezeichnet eine Kirche, die

---

[133] Vgl. KOSLOWSKI, JUTTA: Pfingstkirchen, charismatische Bewegung und Ökumene – eine aktuelle Analyse. In: Materialdienst des Konfessionskundlichen Instituts Bensheim, Jg. 53, 2002, S. 106–109; KOSLOWSKI, JUTTA: Pfingstkirchen, charismatische Bewegung und Ökumene. In: GEMEINHARDT, ALEXANDER (Hg.): Die Pfingstbewegung als ökumenische Herausforderung (Bensheimer Hefte, Bd. 103), Göttingen 2005, S. 26–44.

frei ist von staatlicher Unterstützung und Bevormundung. Außerdem werden die Gewissensfreiheit und die Freiwilligkeit der Mitgliedschaft betont, da neue Anhänger in der Regel nicht durch Geburt, sondern durch eine bewusste Entscheidung gewonnen werden. Weil Freikirchen keine öffentlichen Zuwendungen erhalten, finanzieren sie sich durch freiwillige Spenden ihrer Mitglieder. All dies ist zunächst positiv zu bewerten und stellt in einer Zeit, wo die Verflechtung von Kirche und Staat immer mehr Menschen fragwürdig erscheint, eine beachtenswerte Alternative dar. Freilich bleibt auch hier die Wirklichkeit oft weit hinter dem Anspruch zurück – etwa, wenn Kinder durch ihr Elternhaus so stark geprägt werden, dass sie kaum dazu ›frei‹ sind, sich gegen diesen Glauben zu ›entscheiden‹, oder wenn das Spendenaufkommen durch sozialen Druck gesteigert wird.

Angemessene Kriterien für die Beurteilung einer Gruppe als Sekte sind: Wenn eine Gemeinschaft ihre Überzeugungen verabsolutiert, sich selbst als ›allein selig machend‹ betrachtet und andere Positionen ablehnt; daraus resultieren oft weitere negative Begleiterscheinungen (z.B. dass die Mitglieder nur noch untereinander Kontakt haben, dass sie finanziell und mit ihrer Arbeitskraft ausgebeutet werden, dass ihnen das Verlassen der Gruppe erschwert wird, dass der Kontakt zu ehemaligen Mitgliedern unterbunden wird usw.). Das Problem besteht also im Wesentlichen aus einem *Absolutheits- bzw. Überlegenheitsanspruch*, der sich aus der Verbindung von *Infallibilität* (Unfehlbarkeit), *Exklusivismus* (Alleingeltung) und *Totalität* (Allumfassung) ergibt. Dabei handelt es sich um rein formale Kriterien – *es gibt keine inhaltlichen Grundsätze, aufgrund derer man eine Gruppe als Sekte qualifizieren kann.* Allenfalls besteht ein gewisser Zusammenhang, aufgrund dessen *von der Mehrheitsmeinung abweichende Lehren* eher in der Gefahr stehen, überbetont zu werden, und aus dieser *einseitigen Überbetonung* können die beschriebenen *problematischen Praktiken* entstehen.

Wenn man diese Kriterien unvoreingenommen betrachtet, kann man erkennen, wie ›gefährlich‹ dieses Thema ist – denn an diesem Maßstab gemessen, haben auch die etablierten Kirchen über lange Jahrhunderte ihrer Geschichte hinweg *sektenhafte Züge* gehabt: Der Grundsatz *extra ecclesiam nulla salus* des Kirchenvaters CYPRIAN VON KARTHAGO (210–258) besagt, dass es außerhalb der Kirche (gemeint ist damit die katholische) kein ewiges Heil gibt, dass also alle Andersgläubigen verdammt sind. Die *religionstheologische Position des Exklusivismus* wurde auch von den orthodoxen und evangelischen Kirchen bis in die jüngste Zeit hinein vertreten.[134] Bekanntlich hat von der Antike bis in die Neuzeit hinein die *Intoleranz der Kirche* zur gewaltsamen Verfolgung von Andersdenkenden geführt: Der Index der verbotenen Bücher, die Inquisition, die Verbrennung von Ketzern auf dem Scheiterhaufen und die Kreuzzüge gehören zur bislang nur unzureichend aufgearbeiteten Schuldgeschichte der Kirche.[135] Und ein katholisches Kloster wie das der berühmten Heiligen HILDEGARD VON BINGEN im Hochmittelalter (mit der Aufnahme von Minderjährigen, einem durch Mauern abgeschlossenen Klausurbereich, systematischen Schlafentzug für das Stundengebet, unzureichender Ernährung durch Fasten, Körperverletzung durch Selbstkasteiung, Visionen bzw. Halluzinationen usw.) würde heute zu recht als gefährliche Sekte verboten werden.

Doch zurück zu den Freikirchen: Tatsächlich ist es so, dass viele von ihnen einen gewissen Heilsexklusivismus vertreten, fundamentalistische Positionen einnehmen und problematische Praktiken ausüben – also ebenfalls sektenhafte Züge aufweisen. Dies gilt vor allem für die

---

[134] Vgl. SCHMIDT-LEUKEL, PERRY: Theologie der Religionen. Probleme, Optionen, Argumente (Beiträge zur Fundamentaltheologie und Religionsphilosophie, Bd. 1), Neuried 1997.
[135] Vgl. Die Kirchen und ihre Schuld, Ökumenische Rundschau, Jg. 63, 2014.

sogenannten ›Freikirchen neueren Typs‹, von denen es auch in Deutschland einige gibt. Vor allem aber existieren sie im *Global South* – also in Asien, Lateinamerika und insbesondere in Afrika. Sie gehören zu den am schnellsten wachsenden Denominationen des Christentums, während etablierte Kirchen abnehmen. Dadurch nimmt ihre relative Bedeutung besonders stark zu. Dabei ist die Tatsache, dass religiöse Gemeinschaften vor allem in der Gründerphase dazu neigen, Extrempositionen einzunehmen und sich dann im Lauf der Zeit immer mehr an den Mainstream anpassen, eine soziologische Gesetzmäßigkeit, die sich leicht nachvollziehen und auch im säkularen Bereich beobachten lässt.

Um die Sache noch komplexer zu machen: Viele der Gemeinschaften, die hierzulande ›klein‹ und marginalisiert sind (wie etwa die Baptisten, welche die Kindertaufe ablehnen und nur die Taufe von Gläubigen als gültig anerkennen), finden auf anderen Kontinenten weite Verbreitung. So stellen die Baptisten in den USA die größte Denomination der evangelikalen Christenheit dar – und innerhalb der Baptisten ist die bedeutendste Gruppierung diejenige der *Southern Baptist Convention*, eine extrem konservative Freikirche mit fundamentalistischen Tendenzen. Wenn man die Zusammengehörigkeit der Christen im *Global Village* bzw. die *oikumene* der gesamten bewohnten Erde wirklich ernst nimmt, sollte man also die Baptisten mit ihren vielleicht unbequemen Anfragen in Deutschland nicht belächeln und kann sie nicht einfach als *quantité négligeable* betrachten.

Und es gibt noch extremere Beispiele: Eine Freikirche wie diejenige der Kimbanguisten im Kongo (benannt nach ihrem Gründer SIMON KIMBANGU, 1889–1951) mag uns zwar mit ihrem Personenkult, ihrem Wunderglauben und ihrem prophetischen Anspruch zu recht Probleme bereiten – dennoch ist auch sie Mitglied im Ökumenischen Rat der Kirchen und stellt einen Versuch der Inkulturation des Christentums in die afrikanische Gesellschaft dar.

Die Kirchen in denjenigen Ländern, die sich politisch betrachtet am Rand (engl. *margin*) befinden (also aus der früher sogenannten ›Dritten Welt‹ stammen) sollten besonders im Fokus der Ökumene stehen. Darauf hat der Weltkirchenrat bei seiner letzten Vollversammlung in Busan/2013 in dem Dokument ›Together Towards Life – Mission and Evangelism in Changing Landscapes‹ aufmerksam gemacht und das Konzept der ›Mission von den Rändern her‹ *(Mission from the Margins)* entwickelt.[136] Dort heißt es: »Mission von den Rändern her versucht, gegen die Ungerechtigkeiten in Leben, Kirche und Mission anzugehen. Sie versucht, eine alternative missionarische Bewegung zu sein und die Vorstellung zu widerlegen, dass Mission nur von den Mächtigen zu den Machtlosen hin verlaufen kann, von den Reichen zu den Armen, von den Privilegierten zu den Ausgegrenzten. [...] Menschen am Rande haben eigene Handlungsoptionen und sehen oft, was außerhalb des Blickfeldes von Menschen im Zentrum liegt. Menschen am Rande, die keinen Schutz genießen, wissen oft, welche Kräfte der Ausgrenzung ihr Überleben bedrohen, und können am besten beurteilen, welche Prioritäten in ihrem sozialen Kampf die dringlichsten sind; Menschen in privilegierten Positionen können von den täglichen Überlebenskämpfen von Menschen an der Peripherie viel lernen. [...] Menschen in Situationen der Marginalisierung, die im täglichen Kampf um das Leben und für das Leben stehen, verkörpern häufig ein beeindruckendes Potenzial aktiver Hoffnung, des kollektiven Widerstands und einer großen Beharrlichkeit, die dazu nötig sind, um Standhaftigkeit im Blick auf die Verheißungen des Reiches Gottes zu zeigen.«[137]

---

[136] Vgl. KOSLOWSKI, JUTTA: »Together Towards Life – Mission and Evangelism in Changing Landscapes«. Neue Perspektiven für die Mission aus dem Ökumenischen Rat der Kirchen. In: KOSLOWSKI, JUTTA/KREBS, ANDREAS (Hg.): Mission zwischen Proselytismus und Selbstabschaffung (Beihefte zur Ökumenhischen Rundschau, Bd. 115), Leipzig (Evangelische Verlagsanstalt) 2017, S. 79–84.
[137] Ökumenischer Rat der Kirchen: Gemeinsam für das Leben: Mission und Evangelisation in sich wandelnden Kontexten, Nr. 38 f. In: World

Die Frage der Marginalität hat noch eine weitere Dimension: In manchen Regionen der westlichen Welt ist es bereits Realität, dass die christlichen Kirchen in ihrer Gesellschaft ›am Rand‹ stehen. Dann besteht die Herausforderung darin, mit dieser Situation selbstbewusst umzugehen und sich dennoch nicht ›marginalisieren‹ zu lassen. Das ist eine neue Erfahrung für die ehemals saturierten Kirchen in Deutschland, die noch heute an ihrem Selbstbild als ›Volkskirchen‹ festhalten und jahrhundertelang die fragwürdigen Privilegien einer Staatskirche genossen haben (mit katholischen Fürstbischöfen im Mittelalter und dem landesherrlichen Kirchenregiment in den evangelischen Landeskirchen). Viel von der damit verbundenen Macht ist inzwischen verloren – im 1. Weltkrieg durch den Untergang des Kaiserreichs und noch dramatischer im 2. Weltkrieg angesichts des weitgehenden Versagens der großen Kirchen, sich dem nationalsozialistischen Regime entschlossen entgegen zu stellen. Seitdem haben der demographische Wandel und der Säkularisierungsschub zu einem massiven Rückgang der Mitgliederzahlen beigetragen. Wie gehen wir mit diesem Machtverlust um? Haben wir ihn ausreichend wahrgenommen und verarbeitet? Oder trauern wir unterschwellig und laufen uneingestanden noch der ›guten alten Zeit‹ hinterher?

Die Antworten auf diese Fragen haben auch Auswirkung auf die Erneuerung des Verhältnisses zwischen Kirchen und Freikirchen in Deutschland. Hier gibt es manches an Schuld zu bekennen und eine schwierige Vergangenheit aufzuarbeiten. So haben sich z.B. die gerade erst von der katholischen Kirche unabhängig gewordenen protestantischen Kirchen in der Reformationszeit vehement gegen den sogenannten ›linken Flügel‹ der Reformation gestellt (vor allem gegen die taufgesinnten Gemeinden, die als ›Schwärmer‹ verunglimpft worden sind). Dabei ist man auch vor der Anwendung von Gewalt nicht zurückgeschreckt, etwa gegen die Mennoniten (benannt

Council of Churches (Hg.): Resource Book. WCC 10th Assembly. Busan, 2013, Genf 2013, S. 51–76, hier S. 59.

nach ihrem Anführer MENNO SIMONS, 1496–1561), die ihrerseits pazifistisch waren und zu einer der ältesten historischen Friedenskirchen zählen. Inzwischen hat hier ein Umdenken eingesetzt, und die lutherische Kirche hat sich bei den Mennoniten für ihre Feindseligkeit entschuldigt.[138] Erleichtert werden solche Annäherungen auch durch die gemeinsame Zugehörigkeit zur Arbeitsgemeinschaft christlicher Kirchen (ACK). Sie wurde 1948 gegründet und erfüllt die Funktion eines nationalen Christenrats, ist also eine Entsprechung des Ökumenischen Rates der Kirchen auf nationaler Ebene. Derzeit umfasst die ACK 17 Mitgliedskirchen und sechs Gastmitglieder; außerdem haben vier ökumenische Organisationen einen Beobachterstatus inne. Außer der katholischen, evangelischen und orthodoxen Kirche sind mehrere Freikirchen in der ACK vertreten (Mennoniten, Methodisten, Baptisten, Heilsarmee), und die jahrzehntelange Zusammenarbeit hat manches dazu beigetragen, sich besser kennen zu lernen, Ängste und Vorurteile abzubauen und Vertrauen zueinander zu finden.

Die *Gemeinschaft zwischen Konfessionen und Kontinenten* hat also auch etwas mit der *Gemeinschaft zwischen großen und kleinen Kirchen* zu tun. Und mit dem Aha-Erlebnis, dass Gruppierungen, die hierzulande klein sind, in anderen Ländern groß sein können – und umgekehrt. Wir sollten uns in ›good old Europe‹ von unserem Selbstbewusstsein als Volkskirche verabschieden und vorsichtig sein bei der Bewertung, was wir als Kirche und was als Sekte betrachten – schließlich befinden wir schon jetzt selbst in der Situation, wo wir eine Minderheit in der Gesellschaft darstellen. All diese Lernprozesse sind zwar schwierig

---

[138] In einem Dialogprozess mit anschließendem Versöhnungsgottesdienst, der anlässlich der 11. Vollversammlung des Lutherischen Weltbundes in Stuttgart/2010 stattfand; vgl. Lutherischer Weltbund: Erklärung. Beschlussfassung zum Erbe der lutherischen Verfolgung von Täuferinnen und Täufern. In: DERS.: Unser tägliches Brot gib uns heute. Elfte LWB-Vollversammlung, Stuttgart, Deutschland, 20. – 27. Juli 2010. Offizieller Bericht, Genf 2010.

und anstrengend, aber sie können auch durchaus gewinn-
bringend sein. Vielleicht schrumpft sich die Kirche durch
den Säkularisierungsschub auch in gewisser Weise ge-
sund. Jedenfalls ist der damit verbundene Machtverlust
theologisch nicht unbedingt negativ zu bewerten, denn
die Kirche kommt dadurch ihrem Ursprung wieder näher.
Schließlich war Jesus selbst keineswegs ein erfolgreicher
Kirchengründer, sondern hat zu seinen Lebzeiten nur
eine kleine Schar von Anhängern um sich zu sammeln ver-
mocht, und er hat uns verheißen:»Wo zwei oder drei versammelt sind in meinem Namen, da bin ich mitten unter
ihnen.« (Mt 18, 20)[139]

---

[139] Luther-Übersetzung.

VIII. Das große Zeichen der Einheit: Abendmahlsgemeinschaft

»Wo zwei oder drei versammelt sind in meinem Namen, da bin ich mitten unter ihnen«[140] – mit dieser Verheißung nähern wir uns dem Thema Abendmahl an. Es soll am Ende unserer Überlegungen zur Einheit der Kirche stehen, denn nach der Überzeugung vieler Christen ist die gemeinsame Feier des Abendmahls der wichtigste Ausdruck der christlichen Einheit. Damit befinden sie sich in Übereinstimmung mit der ökumenischen Theologie, denn es gibt (wie wir bereits gesehen haben) einen Zusammenhang zwischen Glaubensgemeinschaft, Kirchengemeinschaft und Abendmahlsgemeinschaft – wobei Abendmahlsgemeinschaft[141] das höchste Ziel des ökumenischen Bemühens und sozusagen die Vollendung der Kirchengemeinschaft ist. Umgekehrt bedeutet dies: Die Tatsache, dass trotz des beharrlichen Ringens im ›Jahrhundert der Ökumene‹ nach wie vor keine Abendmahlsgemeinschaft zwischen evangelischen und katholischen Christen (den beiden größten Kirchen in Deutschland) besteht, ist eine große Enttäuschung für diejenigen, die sich an der Basis um Ökumene bemühen. Dies hat gewiss dazu beigetragen, dass das Engagement für die Ökumene deutlich zurückgegangen ist und viele Menschen sich anderen Themen zugewandt haben. Sie haben den Eindruck: Was erreicht werden konnte ist erreicht – mehr lässt sich auf absehbare Zeit nicht verwirklichen, weil die Amtsträger sich dem entgegenstellen. Manche sprechen sogar von einer ›ökumenischen Eiszeit‹,[142] die inzwischen eingetreten sei.

---

[140] Mt 18, 20, Luther-Übersetzung.

[141] Dies ist der Überbegriff für die im Folgenden erläuterten verschiedenen Formen der Interkommunion oder offenen Kommunion bzw. eucharistischen Gastfreundschaft.

[142] HALTER, HANS (Hg.): Neue ökumenische Eiszeit?, Zürich 1989.

Dabei ist die Behauptung, dass es keine Abendmahls-gemeinschaft zwischen katholischer und evangelischer Kirche gibt, nur bedingt zutreffend. Denn ›die Kirche‹ ist ja nicht nur die ›Amtskirche‹ – auch wenn die Amtsträger selbst dies vielleicht gerne so sehen würden. Vor allem besteht die Kirche aus dem ›Kirchenvolk‹, und seit alters her gibt es den Grundsatz, dass in der Kirche gilt, »was überall, immer und von allen geglaubt wird« (*quod ubique, quod semper et quod ab omnibus creditum est* – die soge-nannte *regula fidei* des Kirchenvaters VINCENT VON LÉRINS aus dem 5. Jahrhundert). Auch wenn diese totale Formu-lierung fragwürdig ist, so gilt doch das Mehrheitsprinzip, und Amtsträger können sich nur dann gewiss sein, die Wahrheit des Glaubens zu vertreten, wenn sie in Über-einstimmung mit dem *consensus communis* der Gläubigen handeln. Das ist bei der Ablehnung von Abendmahlsge-meinschaft wohl kaum der Fall. Denn an jedem Sonntag wird sie von denjenigen, die noch in die Kirche gehen, *de facto* massenhaft praktiziert. Man kann es ja niemandem ansehen, ob er nun katholisch oder evangelisch ist (das ist bei äthiopisch-orthodoxen Christen schon etwas anders …). Und viele Menschen gehen einfach dort in die Kirche, wo es ihnen am besten gefällt (das heißt in den meisten Fällen: wo der Pfarrer oder die Pfarrerin ihnen am glaub-würdigsten erscheint). Bei den inzwischen so zahlreich gewordenen Fällen von konfessionsverbindenden Ehen (früher als ›konfessionsverschieden‹ bezeichnet) möch-ten Paare und Familien *gemeinsam* zum Gottesdienst ge-hen – dorthin, wo es für sie am besten ist. Und wenn man schon an einem Gottesdienst teilnimmt, dann in den meis-ten Fällen auch am Abendmahl. »*The hungry come to where the food is to be found*«, wie ein Sprichwort besagt.

Viele Menschen wissen wahrscheinlich gar nicht, dass diese Art von selbstbestimmter Abendmahlsgemein-schaft offiziell streng verboten ist – sie folgen einfach ih-rem Empfinden, wonach ›katholisch‹ und ›evangelisch‹ heutzutage keinen grundlegenden Unterschied mehr ausmacht. Und vielleicht ist das auch besser so. Dennoch soll in diesem Zusammenhang der *status quo* der geltenden Rechtslage in Erinnerung gebracht werden: Demnach hat die Vereinigte Evangelisch-Lutherische Kirche Deutschlands (VELKD) bereits 1975 einseitig gegenüber der katholischen Kirche eine Erklärung zur ›eucharistischen Gastfreundschaft‹ abgegeben.[143] Demnach dürfen »in besonderen Fällen« evangelische Christen am katholischen Abendmahl gastweise teilnehmen, und auch katholische Christen sind beim evangelischen Abendmahl willkommen.[144] Als *eucharistische Gastfreundschaft* oder auch *offene Kommunion* bezeichnet man die Praxis, Mitglieder anderer Kirchen gastweise zum Abendmahl einzuladen, ohne dass sich daraus (im Unterschied zur durch Konkordat vereinbarten *Interkommunion*) weitere Mitgliedschaftsrechte ergeben. Die offene Kommunion kann einseitig (wie in der hier zitierten Erklärung) oder wechselseitig praktiziert werden (wie es z.B. in vielen Freikirchen der Fall ist). Dagegen wird von der katholischen Kirche gegenüber evangelischen Christen eine *begrenzte offene Kommunion* gewährt:[145] Im katholischen Kirchenrecht *Codex Iuris Canonici* (CIC) ist festgelegt, dass evangelische Christen nur unter ganz besonderen Umständen zum katholischen Abendmahl kommen dürfen, nämlich »in Todesgefahr« oder wenn »eine andere schwere Notlage dazu drängt« und sie »einen Spender der eigenen Gemeinschaft nicht aufsuchen können«; außerdem müssen sie »von sich aus darum bitten« und »bezüglich dieser Sakramente[146] den katholischen Glauben

---

[143] Vereinigte Evangelisch-Lutherische Kirche Deutschlands: Pastoraltheologische Handreichung zur Frage einer Teilnahme evangelisch-lutherischer und römisch-katholischer Christen an Eucharistie- bzw. Abendmahlsfeiern der anderen Konfession (Texte aus der VELKD Nr. 15/1981), Hannover 1975.

[144] Ebd., S. 4 f.

[145] Um die Begriffsklärung zu vervollständigen: Noch restriktiver ist lediglich die *geschlossene Kommunion*, wie sie beispielsweise von den orthodoxen Kirchen gegenüber allen anderen Christen (auch Katholiken) praktiziert wird.

[146] Diese Vorschrift bezieht sich außer auf die Eucharistie auch auf die beiden Sakramente der Beichte und Krankensalbung.

bekunden«.[147] Der Fall, dass kein Geistlicher der eigenen Konfession erreicht werden kann, ist in einem Land wie Deutschland, das mit Pfarrern gut versorgt ist, so gut wie nie gegeben. Es gibt freilich vereinzelte Bemühungen, diese Vorschrift im weiteren Sinn auszulegen; demnach wäre ein evangelischer Pfarrer auch dann ›nicht erreichbar‹, wenn man keine Beziehung zu ihm hat oder aus anderen Gründen den Kontakt mit ihm vermeidet. Im Übrigen gibt es im katholischen Kirchenrecht die Vorschrift, dass niemand, der zur Kommunion kommt, an der Chorschranke zurückgewiesen werden darf; diese Weisung an die Priester hat im Konfliktfall Vorrang.

Die entscheidende Einschränkung für ein gemeinsames Abendmahl besteht im CIC jedoch für Katholiken, die am evangelischen Abendmahl teilnehmen möchten: Dies ist in jedem Fall strengstens verboten. Das ergibt sich aus dem Grundsatz in Can. 844: »Katholische Spender spenden die Sakramente erlaubt nur katholischen Gläubigen; ebenso empfangen diese die Sakramente erlaubt nur von katholischen Spendern«.[148] Der theologische Grund dafür liegt im katholischen Amtsverständnis: Nur ein geweihter Priester (also jemand, der das Sakrament der Priesterweihe empfangen hat) ist demnach in der Lage, ein Sakrament überhaupt gültig zu spenden. Da es in der evangelischen Kirche keine Priester und folglich auch keine Priesterweihe gibt, werden dort letztlich gar keine Sakramente gespendet, und deshalb sind sie auch »nicht Kirchen im eigentlichen Sinn«.[149] Weil es in der evangelischen Kirche nach katholischem Verständnis also kein Sakrament der Eucharistie gibt, können Katholiken es dort folgerichtig auch nicht empfangen. Dieser Grundsatz gilt immer – selbst in Todesgefahr.

---

[147] Codex iuris canonici/Codex des kanonischen Rechtes, Hg. im Auftrag der Deutschen und der Berliner Bischofskonferenz, Kevelaer ⁴1994 [im Folgenden abgekürzt CIC], Can. 844 § 4.
[148] CIC Can. 844.
[149] Kongregation für die Glaubenslehre: Dominus Iesus (Verlautbarungen des Apostolischen Stuhls, Nr. 148), Bonn 2000, Nr. 17.

Dies ist insofern bemerkenswert, als das kanonische Recht bei fast allen Fällen in Todesgefahr weitreichende Ausnahmen zulässt. So muss etwa die Nottaufe eines Kindes nicht (wie sonst bei der Spendung von Sakramenten erforderlich) von einem Priester vorgenommen werden, sondern sie kann auch von anderen Gläubigen durchgeführt werden, ja, von jedem Menschen ›guten Willens‹ – sogar wenn dieser selbst nicht getauft ist.[150] Deshalb könnte ein Moslem die Nottaufe bei einem anderen Menschen erlauben und gültig vollziehen – doch selbst wenn die ›Titanic‹ untergeht, dürfte ein katholischer Passagier sich von einem evangelischen Pfarrer an Bord im Angesicht des Todes kein Abendmahl reichen lassen. Und wenn er es dennoch tut, so erfüllt dieser katholische Gläubige damit den Tatbestand der ›verbotenen Gottesdienstgemeinschaft‹[151] und begeht seinerseits eine ›Todsünde‹. Diese wiederum zieht automatisch die Exkommunikation nach sich (als ›Tatstrafe‹ – d.h. diese Folge tritt automatisch ein, ohne dass dieses Vergehen eigens festgestellt und geahndet werden müsste). Wenn der Betreffende dann bei nächsten Mal an der katholischen Eucharistiefeier teilnimmt, ist dies wiederum eine Todsünde, denn als Exkommunizierter hat er kein Recht dazu – es sei denn, er hätte sein Vergehen zuvor gebeichtet und dafür Absolution erlangt (welche zur Voraussetzung den festen Willen hat, die Sünde, in diesem Fall also die Teilnahme am evangelischen Abendmahl, nicht mehr zu wiederholen). Am Buchstaben des Gesetzes gemessen ist also jeder Katholik, der schon einmal am evangelischen Abendmahl

---

[150] CIC Can. 867 § 2: »Wenn sich ein Kind in Todesgefahr befindet, ist es unverzüglich zu taufen.« Can. 868 § 2: »In Todesgefahr wird ein Kind katholischer, ja sogar auch nichtkatholischer Eltern auch gegen den Willen der Eltern erlaubt getauft.« Can. 871: »Bei vorzeitiger Geburt ist das Kind, wenn es lebt, zu taufen, soweit dies möglich ist.« Can. 861 § 2: »Ist ein ordentlicher Spender nicht anwesend oder verhindert, so spendet die Taufe erlaubt der Katechist oder jemand anderer, der für diese Aufgabe bestimmt ist, im Notfall sogar jeder von der nötigen Intention geleitete Mensch«.

[151] CIC Can. 1365: »Wer sich verbotener Gottesdienstgemeinschaft schuldig macht, soll mit einer gerechten Strafe belegt werden.«

teilgenommen hat (ohne anschließend dafür Buße zu tun), exkommuniziert.

Aus dieser unterschiedlichen Haltung in der Abendmahlsfrage ergibt sich für die Ökumene ein großes Problem: Wenn die evangelische Kirche Katholiken zur Teilnahme am evangelischen Abendmahl einlädt, so tut sie das in dem Bewusstsein, dass diese gegen elementare Grundsätze ihrer eigenen Kirche verstoßen, wenn sie der Einladung folgen. Es entsteht also ein Loyalitätskonflikt – sowohl für den einzelnen Gläubigen, als auch für die Kirche als Ganze. In diesem Konflikt hat sich die evangelische Kirchenleitung letztlich dafür entschieden, ökumenischen Rücksichten weniger Beachtung zu schenken als der Treue zu ihren theologischen Überzeugungen und der biblischen Überlieferung.

Was die Bibel betrifft, so wird als Argument für die heute übliche großzügige Haltung beim Abendmahl oft angeführt, Christus selbst sei der Einladende – deshalb dürfe man niemanden zurückweisen. Auch wenn diese Begründung weit verbreitet ist, ist sie meiner Ansicht nach nicht überzeugend. Dass Christus selbst zum Abendmahl einlädt (vgl. Lk 22, 19 f.), ist in allen theologischen Traditionen unumstritten; dies enthebt uns jedoch nicht von der Verantwortung, eine Entscheidung zu treffen, *wem* diese Einladung gilt. Schließlich erfolgt die Einladung Christi ja nicht unmittelbar, sondern vermittelt durch die Kirche.[152] Außerdem wäre es fragwürdig, Christus und die Kirche ausgerechnet in der Abendmahlsfrage voneinander zu trennen – versteht sich die Kirche doch als »Leib Christi« (vgl. 1. Kor 12, 27; Röm 12, 5) und Christus als ihr »Haupt« (vgl. Kol 1, 18; 2, 19); gerade im Abendmahl, wo das Brot als Christi Leib geteilt wird, werden diese beiden Ebenen in besonderer Weise miteinander verbunden.[153]

---

[152] Vgl. CIC Can. 899 § 1: »Die Feier der Eucharistie ist eine Handlung Christi selbst und der Kirche«.
[153] Vgl. 1. Kor 10, 17: »Denn *ein* Brot, *ein* Leib sind wir, die vielen, die denn wir alle nehmen teil an dem *einen* Brot.«

Deshalb sollte man (nicht zuletzt aus ökumenischer Rücksicht) dem Grundsatz treu bleiben, der seit alters her in allen Konfessionen gilt, nämlich dass die *Taufe* Voraussetzung für die Zulassung zum Abendmahl ist – nicht mehr, aber auch nicht weniger. Auf diese Weise kann ein Dissens mit Orthodoxen und Katholiken vermieden werden, die an diesem Prinzip festhalten.[154] Eine solche Entscheidung ist jedoch nicht nur opportun, sondern auch theologisch folgerichtig, denn die Taufe wird als Initiationsritus verstanden, welcher die Zugehörigkeit zur christlichen Kirche begründet. Sakramente und andere pastorale Handlungen, welche die Kirche ihren Mitgliedern zukommen lässt (wie auch Firmung bzw. Konfirmation, Trauung, Beerdigung usw.), haben deshalb in der Regel die Taufe zur Voraussetzung. Auch wenn es von jeder Regel aus seelsorgerlichen Gründen Ausnahmen geben kann, ändert dies am Grundsatz nichts. So hat Jesus bei seinem letzten Abendmahl Brot und Wein mit seinen Jüngern geteilt – und dabei auch Judas nicht ausgeschlossen, obwohl dieser ihn unmittelbar danach verraten hat. Hieran lässt sich erkennen, dass Jesus sich bis zum Schluss Außenseitern zugewandt hat; dass alle Menschen unterschiedslos zum Abendmahl eingeladen sind, wäre jedoch eine überzogene Schlussfolgerung. Im Übrigen ist es wahrscheinlich, dass Jesu Jünger (einschließlich Judas) ebenso wie er selbst die Taufe des Johannes empfangen haben, was dafür spricht, die Taufe und das dazugehörige Bekenntnis des christlichen Glaubens (nicht jedoch weitergehende Forderungen, etwa moralischer Art) als Voraussetzung für die Teilnahme am Abendmahl zu betrachten.

Wenn die Taufe, egal welcher Konfession, Menschen in *allen* Kirchen zum Empfang des Abendmahls berechtigte, dann würde dadurch auch die *ökumenische Bedeutung der Taufe* gestärkt. Die Taufe bewirkte dann nicht

---

[154] Vgl. CIC Can. 842 § 1: »Wer die Taufe nicht empfangen hat, kann zu den übrigen Sakramenten nicht gültig zugelassen werden.« Can. 849: »Die Taufe ist die Eingangspforte zu den Sakramenten«.

mehr, dass Menschen gleich zu Beginn ihres Lebens ohne ihr Zutun einer der getrennten Konfessionen zugeordnet werden, sondern es würde deutlich: Die Kirche, in welche wir durch die Taufe aufgenommen werden, ist letztlich *eine* – was wir gemeinsam haben, ist tiefer und wichtiger als das, was uns trennt. Es wäre ein konkreter Fortschritt, wenn Menschen in Zukunft eine ›ökumenische Taufurkunde‹ ausgestellt bekämen, auf der nicht nur die Zugehörigkeit zu einer bestimmten Konfession, sondern auch zur Kirche als Ganzer zum Ausdruck kommt. Ein solches Zeichen wäre theologisch schon heute möglich, weil fast alle Kirchen (zuletzt in der sogenannten Erklärung von Magdeburg/2007) darin übereingekommen sind, dass die bei ihnen gespendete Taufe gegenseitig anerkannt wird.

Doch leider warten die Gläubigen auf ein Entgegenkommen beim gemeinsamen Abendmahl bis heute vergeblich. Darum ist es verständlich, dass sich eine gewisse Ungeduld bemerkbar macht und Manche vollendete Tatsachen schaffen wollen (wenn sie nicht ganz resignieren, was wohl noch schlimmer ist). Das hat sich zum Beispiel im Zusammenhang mit dem 1. ›Ökumenischen Kirchentag‹ gezeigt, der im Jahr 2003 in Berlin stattfand. Viele Menschen an der kirchlichen Basis haben erwartet und erhofft, dass es bei dieser Gelegenheit auch zu einer gemeinsamen Abendmahlsfeier kommt,[155] und sie waren enttäuscht, als dies von beiden Kirchleitungen abgelehnt worden ist. In der evangelischen Gethsemane-Gemeinde

---

[155] Vgl. zu dieser Zeit entstandene Publikationen wie REHM, JOHANNES: Eintritt frei! Plädoyer für das ökumenische Abendmahl, Düsseldorf 2002; QUADT, ANNO: Evangelische Ämter: gültig – Eucharistiegemeinschaft: möglich, Mainz 2001. Auch rennomierte wissenschaftliche Institutionen, die sich mit Ökumene befassen, haben sich damals für Abendmahlsgemeinschaft zwischen katholischer und evangelischer Kirche ausgesprochen: Centre des Études Oecuméniques (Strasbourg)/Institut für Ökumenische Forschung (Tübingen)/Konfessionskundliches Institut (Bensheim): Abendmahlsgemeinschaft ist möglich. Thesen zur eucharistischen Gastfreundschaft, Frankfurt 2003.

am Prenzlauer Berg ist es dennoch dazu gekommen – weil dieser Akt kirchlichen Ungehorsams zuvor angekündigt worden ist, gab es dabei auch große Aufmerksamkeit in den Medien. An drei aufeinanderfolgenden Tagen wurden ökumenische Gottesdienste mit gemeinsamem Abendmahl gefeiert, wobei es nicht nur zur Interkommunion kam, sondern der katholische Priester GOTTHOLD HASENHÜTTL mit seinem evangelischen Amtskollegen auch zur Interzelebration bereit war.[156] Er musste die Konsequenzen dafür tragen und wurde noch im gleichen Jahr von seinem Priesteramt suspendiert; 2006 wurde ihm die Lehrerlaubnis als Professor für Systematische Theologie entzogen (wobei er bereits seit dem Jahr 2002 emeritiert worden war) – 2010 trat er formell aus der katholischen Kirche aus. An diesem Beispiel kann man sehen, wie verhärtet die Positionen in der Abendmahlsfrage nach wie vor sind.

Deshalb stellt sich die Frage, welche Alternativen es dazu gibt, entweder das gemeinsame Abendmahl immer weiter vergeblich zu fordern oder es aus eigenem Antrieb zu praktizieren. Solche Alternativen gibt es durchaus – und es ist erstaunlich, wie wenig sie bislang diskutiert worden sind.[157] Zum einen besteht die Möglichkeit eines

---

[156] Als Interkommunion bezeichnet man den gemeinsamen Abendmahlsempfang von Gläubigen verschiedener Konfession; Interzelebration bedeutet, dass dabei auch Amtsträger unterschiedlicher Kirchen zusammen am Altar stehen. Weil das Abendmahl ja mit dem Verständnis der Amtsfrage verknüpft ist, ist die Interzelebration ein besonders bedeutsamer Akt; das katholische Kirchenrecht regelt dazu in Can. 908: »Katholischen Priestern ist es verboten, zusammen mit Priestern oder Amtsträgern von Kirchen oder kirchlichen Gemeinschaften, die nicht in der vollen Gemeinschaft mit der katholischen Kirche stehen, die Eucharistie zu konzelebrieren.«

[157] Vgl. KOSLOWSKI, JUTTA: Jenseits von Abendmahlsgemeinschaft: Wie kann Kircheneinheit sichtbar werden? In: HOFFMANN, CLAUDIA/TUDER, FLORIAN/ZELTNER PAVLOVIĆ, IRENA (Hg.): Ökumenische Begegnungen. Zum 25-jährigen Jubiläum der Arbeitsgemeinschaft Ökumenische Forschung (Beiheft zur Ökumenischen Rundschau, Bd. 100), Leipzig (Evangelische Verlagsanstalt) 2015, S. 116–124.

eucharistischen Fastens. Damit ist viel mehr gemeint als nur die Nicht-Teilnahme am Abendmahl. Fasten bedeutet den bewussten Verzicht auf Speisen und andere Güter, die grundsätzlich erlaubt sind, um einer geistlichen Absicht willen. Wenn Christen also ihre Nicht-Teilnahme am (gemeinsamen) Abendmahl als ›Fasten‹ verstehen, machen sie deutlich, dass sie Abendmahlsgemeinschaft für gut und richtig halten und dass sie ihrem Gebet für die Einheit der Kirche auf diese Weise Nachdruck verleihen möchten. Ein solches Fasten sollte sich nicht darauf beschränken, bei der Austeilung des Abendmahls auf seinem Platz zu bleiben, sondern man kann die innere Beteiligung an der Eucharistiefeier dadurch zum Ausdruck bringen, dass man nach vorne kommt und mit verschränkten Armen um einen Segen bittet. Wenn ein solches eucharistisches Fasten nicht nur von jenen praktiziert wird, die an einem Gottesdienst der *anderen* Konfession teilnehmen, sondern auch in der *eigenen* Kirche, dann könnte es zu einem unübersehbaren Zeichen werden, das die Verantwortlichen zum Umdenken bewegt.

Eine andere Perspektive für die Ökumene wäre *Gütergemeinschaft.* Während der Verwirklichung von Abendmahlsgemeinschaft theologisch schwerwiegende Hindernisse im Weg stehen, spricht grundsätzlich nichts gegen den Ausbau von Gütergemeinschaft zwischen den Kirchen – außer Trägheit, Besitzstandswahrung und die Sorge um finanzielle Vorteile. Durch praktizierte Gütergemeinschaft könnte in der Öffentlichkeit deutlich werden, dass die beiden großen Glaubensgemeinschaften in Deutschland, die evangelische und katholische Kirche, zusammengehören. Wenn Parallelstrukturen (etwa im diakonischen Bereich) abgebaut würden, so könnte dies auch zu einem wirtschaftlicheren und verantwortungsvolleren Umgang mit den anvertrauten Geldern beitragen. Warum kann man Krankenhäuser und Kindergärten nicht in gemeinsamer Trägerschaft zwischen ›Caritas‹ und ›Diakonie‹ betreiben? Und benötigen die Menschen tatsächlich nach Konfessionen getrennte Beratungsstellen für Erziehung oder für Ehe, Familie und Lebensfragen? Auch Gemeindezentren und Gotteshäuser könnten viel öfter gemeinsam genutzt werden – gerade in der heutigen Zeit, wo sie immer weniger ausgelastet sind. Eine solche praktizierte Gütergemeinschaft würde nicht nur Ressourcen sparen, sondern auch zu vielfältigen Begegnungsmöglichkeiten im Alltag beitragen und die ökumenische Verbundenheit nachhaltig stärken, wie Erfahrungen mit ökumenischen Gemeindezentren belegen.[158]

Schließlich besteht die Möglichkeit von *Agape-Feiern*. Auch dieser Alternative zur Abendmahlsgemeinschaft steht theologisch nichts entgegen, und es ist bemerkenswert, wie selten davon Gebrauch gemacht wird. Denn ganz abgesehen von ökumenischen Überlegungen entspricht eine Agape-Feier viel eher dem Bedürfnis, das die meisten Menschen heute mit der Abendmahlsfeier verbinden. Ihnen geht es nicht darum, den mystisch gewandelten Leib Christi zu empfangen, sondern sie wollen Verbundenheit und *Gemeinschaft* erleben – und dafür ist ein geteiltes Mahl durch alle Epochen und Kulturen hindurch ein elementares Zeichen. Leider ist dieses Symbol bei einer traditionellen Eucharistiefeier nur rudimentär erfahrbar: Die dünne, pappige Oblate im Mund macht nicht satt, und der Wein schmeckt nach nichts, wenn er nur dem Priester vorbehalten ist. Wie anders ist es doch, wenn man ein gutes Stück Vollkornbrot isst (das womöglich zuvor gemeinsam gebacken wurde)! Bei einer Agape-Feier gibt es außerdem die Möglichkeit, sich zusätzlich zu Brot und Wein mit weiteren Gaben der Schöpfung zu stärken, zum Beispiel Weintrauben oder einem Stück Käse. Wenn die Teilnehmenden dabei nicht anonym in der Kirchenbank sitzen, sondern an Tischen einander zugewandt sind, wird der Mahl- und Gemeinschaftscharakter eines solchen Geschehens noch deutlicher erfahrbar.

---

[158] Vgl. HAGMANN, GERALD: Ökumenische Zusammenarbeit unter einem Dach. Eine Studie über evangelisch-katholische Kirchen- und Gemeindezentren (Arbeiten zur praktischen Theologie, Bd. 32), Leipzig 2007.

Dabei ist eine Agape-Feier (abgeleitet von dem griechischen Wort *agape*, was soviel wie ›göttliche Liebe‹ bedeutet) keineswegs eine moderne Erfindung. Vielmehr stellt das ›Liebesmahl‹ die Urform des christlichen Abendmahls dar, welches nach dem Zeugnis des Neuen Testaments aus einer Verbindung von Sättigungsmahl und liturgischer Feier mit dem Teilen symbolischer Speisen bestand.[159] So wird es im Judentum noch heute praktiziert, wenn an jedem Freitagabend in den Familien der *Shabbat* begrüßt wird.[160] Und auch das *Seder*-Mahl, welches zur Erinnerung an die Befreiung aus der Knechtschaft am ersten Abend des *Passah*-Festes gefeiert wird, ist auf diese Weise gestaltet. Hier liegt der Ursprung der christlichen Abendmahlsfeier, denn an einem Sederabend hat Jesus das Abendmahl eingesetzt, indem er der symbolischen Bedeutung der Speisen eine weitere Dimension hinzugefügt hat: »Dies tut zu meinem Gedächtnis!« (Lk 22, 19)

Deshalb ist eine Agape-Feier keine defizitäre Form der Abendmahlsfeier, sondern theologisch tief begründet. Sie erinnert an die ›Stärkung auf dem Weg‹ mit Brot und Wasser, wie sie dem Propheten Elia durch einen Engel zuteil geworden ist (vgl. 1. Kön 19, 5–8), und an das Wunder der ›Speisung der 5000‹ (Mk 6, 35–44 par.) sowie an das ›zukünftige Freudenmahl‹, das im Reich Gottes gefeiert wird (Lk 14, 16–24). Agape-Feiern sind eine bislang zu wenig beachtete und existenziell bedeutsame Weise, Brot und Wein miteinander zu teilen – und es ist schon heute ohne weiteres möglich, sie in ökumenischer Verbundenheit mit Christen aus den verschiedensten Kirchen gemeinsam zu begehen.

---

[159] Vgl. 1. Kor 11, 20–34.

[160] Dies wird heutzutage von manchen Christen wieder aufgegriffen, wenn sie am Samstagabend mit einer schlichten häuslichen Liturgie den Sonntag begrüßen, wie es etwa in der Kommunität der Jesus-Bruderschaft in Gnadenthal praktiziert wird – vgl. JOEST, BRUDER FRANZISKUS: Den Sonntag feiern. Die Wiederentdeckung des ersten Tags der Woche. Mit Bildern von RENATE MENNEKE, Gnadenthal 2012.

IX. Die Zukunft der Ökumene: Einheit in Vielfalt

Nun haben wir einen weiten Weg zurückgelegt: Wir haben uns damit beschäftigt, wie die konfessionelle Vielfalt im Christentum entstanden ist und sich im Lauf der Zeit immer mehr ausbreitete; wie sich die ökumenische Bewegung entwickelt hat und was ihre Motivation ist; welche Ziele sie verfolgt und welche Modelle der Einheit dafür erarbeitet worden sind. Wir haben nach der Gemeinschaft zwischen Konfessionen und Kontinenten und zwischen großen und kleinen Kirchen gefragt. Schließlich haben wir über dasjenige Thema nachgedacht, was die Menschen, die dieses Buch zur Hand nehmen, wohl am meisten beschäftigt: der Wunsch nach Gemeinschaft beim Abendmahl.

Doch eine entscheidende Frage bleibt noch immer offen: Welche praktischen Folgen hätte es eigentlich, wenn die ökumenische Bewegung tatsächlich an ihr Ziel gelangte? Was würde sich für die Menschen in den Gemeinden vor Ort konkret verändern? Es ist wichtig, sich dieser Frage zu stellen – und das geschieht viel zu selten! Vielleicht ist dies einer der Gründe dafür, warum das ökumenische Engagement, das in der zweiten Hälfte des 20. Jahrhunderts einen so hoffnungsvollen Aufschwung genommen hat, inzwischen immer mehr erlahmt ist. Wenn nicht klar ist, welchen Gewinn die Ökumene eigentlich mit sich bringt, lohnt es kaum, sich dafür einzusetzen.[161]

Wir wollen deshalb überlegen, was ein ›Erfolg‹ der ökumenischen Bemühungen eigentlich bedeuten würde – nach dem Motto ›was wäre, wenn ...‹. Dabei konzentrieren wir uns auf die Situation hier in Deutschland; deshalb geht es im Folgenden vor allem um das Verhältnis

---

[161] Vgl. KOSLOWSKI, JUTTA (Hg.): Ökumene – wozu? Antworten auf eine Frage, die noch keiner gestellt hat, Moers 2010.

zwischen katholischer und evangelischer Kirche (den beiden großen Konfessionen, welche die kirchliche Landschaft bei uns trotz aller Austrittsbewegungen noch immer prägen). Die vorgetragenen Gedanken beschäftigen sich also mit der *Zukunft*; sie sind spekulativ und nicht empirisch. Sie können zwar nicht widerlegt, aber auch nicht bewiesen werden. Die meisten Ökumeniker scheuen sich, derartige Überlegungen anzustellen: Es gibt einen ›*horror concreti*‹. Denn über die Zukunft lässt sich nichts Bestimmtes sagen (noch nicht einmal ein Prophet kann sich da sicher sein!). Und doch ist es wichtig, sich darüber Gedanken zu machen – in diesem Sinn seien die nun folgenden Ausführungen verstanden. Die hier unterbreiteten Vorschläge sind *keine unrealistische Utopie, sondern eine konkrete Vision*; sie verstehen sich als *eine realisierbare Modellvorstellung kirchlicher Einheit*. Sie stellen *eine Möglichkeit* vor, wie die Einheit der Kirche aussehen könnte. Es ist nur *eine* unter vielen anderen denkbaren Möglichkeiten, aber ich bin überzeugt davon, dass dies tatsächlich eine *Möglichkeit* wäre. Auch wenn ihre *Verwirklichung* in absehbarer Zeit alles andere als *wahrscheinlich* ist – doch das steht auf einem anderen Blatt; es hat unter anderem mit den sogenannten ›*nicht-theologischen Faktoren*‹ zu tun, die in der Kirchenpolitik eine entscheidende Rolle spielen. Nicht zuletzt gehört dazu die Frage nach der *Macht*, welche vor allem mit den Amtsträgern (als legitimen Inhabern von Macht) zu tun hat. Weil sie zugleich diejenigen sind, welche die ökumenischen Verhandlungen führen und Entscheidungen treffen oder vereiteln, hat sich die sogenannte ›Amtsfrage‹ als das größte Hindernis auf dem Weg zur Einheit der Kirche erwiesen.

Also: Das Einheitsmodell, das hier vorgestellt wird, soll den Namen ›*Einheit in Vielfalt*‹ tragen. Dies verweist auf einen breiten Konsens, der sich in der ökumenischen Diskussion der letzten Jahrzehnte herausgebildet hat: Die gesuchte Einheit der Kirche soll nicht zu einer *Vereinheitlichung* führen, sondern zur *Bejahung der Vielfalt* (auch als ›versöhnte Verschiedenheit‹ bezeichnet). Bisher wurde der Begriff ›Einheit in Vielfalt‹ allerdings nicht zur Bezeichnung eines *konkreten Einheitsmodells* angewendet, wie es hier geschehen soll, weil damit der wesentliche Gedanke dieses Modells treffend zum Ausdruck gebracht wird.

1. Die Idee:
Strukturelle Einheit und spirituelle Vielfalt

Der Grundgedanke des Modells ›Einheit in Vielfalt‹ besteht darin, die beiden Aspekte ›Einheit‹ und ›Vielfalt‹ miteinander zu verbinden, und zwar so, dass in *struktureller* Hinsicht ein hohes Maß an *Einheit* verwirklicht wird, in *spiritueller* Hinsicht dagegen ein hohes Maß an *Vielfalt*. Anders ausgedrückt beschreibt *Einheit* die *äußere* Gestalt dieses Modells, *Vielfalt* dagegen seine *innere* Qualität. ›Einheit in Vielfalt‹ ist darum bemüht, die bestehenden konfessionellen Einseitigkeiten zu überwinden. *Die verschiedenen Konfessionen sollten sich mit ihren Stärken ergänzen, um ihre Schwächen gegenseitig auszugleichen.* Denn *durch das Auseinanderbrechen der kirchlichen Einheit ist ein geistlicher Antagonismus entstanden, der zur Folge hat, dass jede der Konfessionen etwas bewahrt hat, das der anderen fehlt.* Man könnte auch sagen: Jede Kirche hält das Heilmittel für die Krankheit der Schwesterkirche in ihrer Hand. So gibt es zahlreiche evangelische Christen, welche den Gottesdienst in ihrer Gemeinde nicht mehr regelmäßig besuchen, weil dieser aufgrund der Konzentration auf die Predigt zu einseitig intellektuell ausgerichtet ist und existenzielle religiöse Bedürfnisse dort unbefriedigt bleiben – z.B. das Bedürfnis nach Stille, Meditation, Rhythmus, Symbolik und sinnlich wahrnehmbaren Elementen. In der katholischen Tradition ist all dies zur Genüge vorhanden. Andererseits kehren etliche Katholiken ihrer Kirche den Rücken, weil deren autoritäres Auftreten dem Verlangen nach demokratischer Partizipation, Transparenz und Dialog in der modernen Gesellschaft nicht entspricht. Die Freiheit von Rede und Gewissen wird wiederum in der evangelischen Tradition reichlich gepflegt. Diese Beispiele ließen sich um viele weitere vermehren. Sie weisen darauf hin, *dass eine Wiedervereinigung der christlichen Kirchen auch zu ihrem Wiedererstarken beitragen würde.*

Zwar ist die Vielfalt auch in der gegenwärtigen Situation der Kirchenspaltung bereits vorhanden, denn sowohl zwischen den Konfessionen als auch innerhalb jeder einzelnen Kirche gibt es ein hohes Maß an Pluralität. *Jedoch ist diese ›Pluralität des Christentums‹ derzeit überlagert und begrenzt durch die ›Pluralität der Konfessionen‹,* so dass die vorhandene Vielfalt für den einzelnen Gläubigen nur begrenzt zugänglich ist. Im Prinzip ist jeder auf diejenige Tradition festgelegt, in welche er gleichsam zufällig hineingeboren wird. Zwar ist es möglich, den spirituellen Horizont im Laufe seines Lebens zu erweitern – aber dies führt entweder zu einer die Konfessionsgrenzen überschreitenden ›dritten Konfession‹, welche nur individuell und inoffiziell gelebt werden kann, oder es führt zu einer förmlichen Konversion. In beiden Fällen handelt es sich um Einzelerscheinungen, die nicht als allgemeine Lösung für das ökumenische Problem betrachtet werden können. In der modernen pluralistischen Gesellschaft hat der einzelne Gläubige nach dem bürgerlichen Recht zwar die *Freiheit,* sich zu entscheiden, in welcher der christlichen Kirchen er seinen Glauben leben will – im kirchlichen Recht aber entspricht dieser Freiheit zugleich auch der *Zwang, sich zu entscheiden,* denn man kann in aller Regel nur einer einzigen Konfession zugehören. Die Mitgliedschaft in der einen Kirche bedingt den Ausschluss aus allen anderen. Bei dem hier vorgeschlagenen Modell von ›Einheit in Vielfalt‹ wären Konversionen nicht mehr nötig, weil jeder einzelne Gläubige aus dem gesamten *Reichtum aller konfessionellen Traditionen* schöpfen könnte, soweit dies in den verschiedenen Gemeinden vor Ort möglich ist.

Bei ›Einheit in Vielfalt‹ brächte jede der bisher voneinander getrennten Konfessionen ihre spezifischen ›Gaben‹ und ›Schätze‹ ein und ließe sich zugleich von den andern bereichern. Tatsächlich passen die verschiedenen Konfessionen mit ihren Stärken und Schwächen *so wie Puzzleteile* zueinander: Nur gemeinsam ergeben sie ein Ganzes – denn sie *sind* ja von ihrem Ursprung her ein Ganzes. Im biblischen Bild von der *Kirche als Leib Christi* wird diese Wahrheit überzeugend zum Ausdruck gebracht:»In einem Geist sind wir alle zu einem Leib getauft worden. Denn auch der Leib ist nicht ein Glied, sondern viele. Wenn der Fuß spräche: Weil ich nicht Hand bin, gehöre ich nicht zum Leib: gehört er deswegen nicht zum Leib? Und wenn das Ohr spräche: Weil ich nicht Auge bin, gehöre ich nicht zum Leib: gehört es deswegen nicht zum Leib? Wenn der ganze Leib Auge wäre, wo wäre das Gehör? Wenn ganz Gehör, wo der Geruch? Nun aber hat Gott die Glieder gesetzt, jedes einzelne von ihnen am Leib, wie er wollte. Ihr aber seid Christi Leib, und einzeln genommen, Glieder.« (1. Kor 12, 13–18.27) [162]

Eine gewisse Umgestaltung der bisherigen Konfessionen ist der unerlässliche Preis, welcher für die ›Einheit in Vielfalt‹ zu zahlen ist. Diese Umgestaltung bezieht sich jedoch vornehmlich auf ihre institutionellen *Formen*, die im Grunde von untergeordneter Bedeutung sind. Das eigentlich Wertvolle, nämlich die *Inhalte* der Tradition, würde in der geeinten Kirche sehr wohl bewahrt werden, auch wenn sie hinfort nicht mehr einer einzigen Konfession, sondern der Kirche als Ganzer zugehörten. *Die bisherigen konfessionellen Milieus könnten freilich nicht unverändert bewahrt werden, wenn die Einheit der Kirche konkrete Gestalt annehmen soll.* Allerdings ist es weder ein vom christlichen Auftrag her erstrebenswertes, noch ein überhaupt erreichbares Ziel, diese historisch gewachsenen Strukturen vor jeder Veränderung zu bewahren. Nicht nur aufgrund der ökumenischen Bewegung, sondern durch den gesamten gesellschaftlichen Veränderungsprozess ist eine lebendige Fortentwicklung dieser Traditionen unumgänglich. *Identitätswandel ist nicht gleichbedeutend mit Identitätsverlust, sondern er kann auch zur Bewahrung und Reifung der eigenen Identität beitragen.*

---

[162] Vgl. Kapitel III, S. 36–38.

2. Die Voraussetzung: Aufhebung der Lehrverurteilungen

Um zu einer solchen ›Einheit in Vielfalt‹ zu gelangen, wäre es zunächst notwendig, dass die christlichen Kirchen von allen zwischen ihnen stehenden Verurteilungen, Verwerfungen und Verfluchungen Abstand nähmen und für die damit verbundene Schuld *Buße tun*. Damit ist die Notwendigkeit von *Versöhnung* zwischen den Kirchen angesprochen, welche in der ökumenischen Bewegung grundsätzlich anerkannt ist. Diese Einsicht findet ihren Ausdruck insbesondere in der Bitte um *Vergebung*, die bei mehreren Gelegenheiten und gegenüber unterschiedlichen Partnern bereits ausgesprochen worden ist. Auch in die Texte des Zweiten Vatikanischen Konzils ist eine Vergebungsbitte eingeflossen, so vor allem in das Dekret über den Ökumenismus, wo es heißt: »Von den Sünden gegen die Einheit gilt das Zeugnis des Heiligen Johannes: ›Wenn wir sagen, wir hätten nicht gesündigt, so machen wir ihn zum Lügner, und sein Wort ist nicht in uns‹ (1. Joh 1, 10). In Demut bitten wir also Gott und die getrennten Brüder um Verzeihung, wie auch wir unseren Schuldigern vergeben.«[163] Und am 7. Dezember 1965, dem vorletzten Tag des Zweiten Vatikanischen Konzils, wurde von PAUL VI. das Breve *Ambulate in dilectione* verkündet, worin gegenüber der orthodoxen Kirche im Hinblick auf die Exkommunikation von 1054 erklärt wird, »dass wir die damals ausgesprochenen Worte und verübten Taten, die nicht gebilligt werden können, bedauern. Außerdem wollen wir die damals erlassene Exkommunikationssentenz aus dem Gedächtnis der Kirche tilgen und aus ihrer Mitte beseitigen und wollen, dass das Vergessen sie bedecke und zuschütte.«[164] Papst JOHANNES PAUL II. hat diese Tradition

---

[163] *Unitatis redintegratio*, Nr. 7. In: RAHNER, KARL/VORGRIMLER, HERBERT (Hg.): Kleines Konzilskompendium. Sämtliche Texte des Zweiten Vatikanums, Freiburg ²⁷1998, S. 237 f.
[164] PAUL VI.: *Ambulate in dilectione*. In: Pro Oriente (Hg.): Tomos Agapis. Dokumentation zum Dialog der Liebe zwischen dem Hl. Stuhl und dem Ökumenischen Patriarchat 1958–1976, Innsbruck 1978, S. 88 f.

päpstlicher Versöhnungsbemühungen weitergeführt, vor allem durch das siebenfache Schuldbekenntnis, welches er im Rahmen eines Gottesdienstes in der österlichen Bußzeit im Jubiläumsjahr 2000 abgelegt hat.[165] Wenige Tage später wiederholte er die Bitte um Vergebung gegenüber dem jüdischen Volk anlässlich einer Reise in das Heilige Land.[166] Diese Beispiele ließen sich noch um etliche weitere vermehren.[167] Sie zeigen zum einen, dass das Bedürfnis nach Versöhnung zwischen den Kirchen aufgrund der zahlreichen Verfehlungen in der Vergangenheit groß ist – zum andern offenbaren sie, dass diesem Bedürfnis noch nicht in ausreichendem Maß entsprochen wurde.

3. Die Grundlage: Gemeinsames Glaubensbekenntnis

Der *Lehrkonsens*, welcher als Grundlage für die Einheit der Kirche notwendig ist, sollte sich auf das ›Große Glaubensbekenntnis‹ konzentrieren, welches auf den beiden ersten Ökumenischen Konzilien formuliert worden ist und damals als ausreichende Glaubensgrundlage galt.[168] Es gibt viele und gewichtige Gründe dafür, gerade *dieses* Bekenntnis zum Fundament der Ökumene zu machen:
1) sein hohes Alter (in seiner überlieferten Gestalt geht es auf das Jahr 381 zurück);

---

[165] In: Katholische Nachrichten-Agentur (Hg.): Dokumente, Nr. 4, 2000, S. 6–8.

[166] In: Katholische Nachrichten-Agentur (Hg.): Dokumente, Nr. 4, 2000, S. 3 f.

[167] Vgl. ACCATTOLI, LUIGI: Wenn der Papst um Vergebung bittet. Alle »mea culpa« Johannes Pauls II. an der Wende zum dritten Jahrtausend, Innsbruck 1999; JOHANNES PAUL II.: Wir fürchten die Wahrheit nicht. Der Papst über die Schuld der Kirche und der Menschen, Graz 1997.

[168] Vgl. KOSLOWSKI, JUTTA: The Creed as Basis for the Unity of the Church. In: HELLER, DAGMAR/SZENTPÉTERY, PÉTER (Hg.): Catholicity under Pressure: The Ambigious Relationship between Diversity and Unity. Proceedings of the 18th Academic Consultation of the Societas Oecumenica (Beihefte zur Ökumenischen Rundschau, Bd. 105), Leipzig (Evangelische Verlagsanstalt) 2016, S. 369–376.

2) seine kanonische Verbindlichkeit (es wurde auf den ökumenischen Konzilien von Nizäa und Konstantinopel feierlich bestätigt);
3) seine außerordentliche Hochschätzung in der orthodoxen Kirche (dort ist es das einzige Glaubensbekenntnis in kirchlichem Gebrauch);
4) seine dogmatische Anerkennung und liturgische Verwendung in allen größeren Kirchen (es hat außer in der Göttlichen Liturgie der orthodoxen Christenheit auch im Messformular der katholischen Kirche, im *Book of Common Prayer* der Anglikaner und in den lutherischen Bekenntnisschriften seinen Platz).

Dieses Glaubensbekenntnis kann sein ökumenisches Potential allerdings nur in seiner ursprünglichen Gestalt, d.h. ohne den in der Westkirche seit dem 6. Jahrhundert gebräuchlichen Zusatz *filioque* (der Heilige Geist geht vom Vater »und vom Sohn« aus) voll entfalten. Da es der Rechtgläubigkeit in keiner Weise widerspricht, diesen Zusatz wegzulassen, und da in der orthodoxen Theologie gegen diese Erweiterung sowohl aus kanonischen als auch aus dogmatischen Gründen so starke Vorbehalte bestehen, dass hierin sogar ein Grund für die Trennung von der katholischen Kirche gesehen wird, ist es um der Einheit und des Friedens willen geboten, auf die umstrittene Formulierung zu verzichten.

Weil dieses Bekenntnis aus der Zeit der Alten Kirche stammt, als die heutigen Schismen noch nicht vorhanden waren, bietet es eine gemeinsame Glaubensgrundlage, die dazu dienen kann, die Einheit der Kirche wiederherzustellen. Freilich wird in diesem Glaubensbekenntnis nicht *alles* ausgesprochen, was für den christlichen Glauben wichtig ist. Tatsächlich gibt es sogar wesentliche Bereiche der dogmatischen Theologie, die dort keine Erwähnung finden – gerade dieses Fehlen kontroverstheologischer Themen begründet nicht zuletzt die ökumenische Qualität des sogenannten Nizäno-Konstantinopolitanums. Dennoch lässt sich die kritische Frage stellen: Kann dieses Bekenntnis tatsächlich das Wesentliche des christlichen Glaubens zum Ausdruck bringen? Die emp-findlichste Lücke in diesem Text findet sich im zweiten Artikel, wo über Jesus Christus gesagt wird: »[...] und ist Mensch geworden. Er wurde für uns gekreuzigt unter PONTIUS PILATUS [...]«. Das gesamte Leben Jesu von Naza-reth, einschließlich seiner Verkündigung des Evangeli-ums vom Reich Gottes, wird hier übergangen! Kein Zwei-fel: Sollte *heute* ein ökumenisches Glaubensbekenntnis formuliert werden, so würde es anders aussehen. Gerade vor dem Hintergrund der weltweiten Ausbreitung des Christentums durch die moderne Missionsbewegung und der Forderung nach angemessener Inkulturation kann man bezweifeln, dass das nizäno-konstantinopolitanische Glaubensbekenntnis tatsächlich formuliert, was für Gläu-bige in Indien oder Afrika an der Schwelle zum dritten Jahrtausend von existenzieller Bedeutung ist. Allerdings haben die zahllosen Versuche zur aktuellen Neufassung eines christlichen Glaubensbekenntnisses deutlich ge-zeigt, dass auch diese keineswegs frei von inhaltlichen und sprachlichen Schwächen sind – und darüber hinaus mindestens ebenso situationsbezogen und kontextab-hängig bleiben.[169] Einen Text von universaler Gültigkeit, vergleichbar dem Bekenntnis von Nizäa-Konstantinopel, könnte man heute wohl gar nicht mehr formulieren.[170] *Deshalb sollte als Grunddokument für eine Einigung der Kir-chen auf dogmatischer Ebene das Glaubensbekenntnis von 381 als ausreichend angesehen werden*; was die persönliche Frömmigkeit betrifft, so kann es durch vielfältige indivi-duelle Glaubensaussagen ergänzt werden. Auf diese Weise würde ›Einheit in Vielfalt‹ auch in Bezug auf das Bekenntnis des Glaubens verwirklicht.

---

[169] Vgl. z.B. ZINK, JÖRG: Das christliche Bekenntnis. Ein Vorschlag, Stutt-gart 1996.

[170] Zur Problematik einer Neuformulierung des Glaubensbekenntnisses vgl. Konferenz Europäischer Kirchen in Europa/Rat der Europäischen Bi-schofskonferenzen: Unser Credo – Quelle der Hoffnung. In: LINK, HANS-GEORG (Hg.): Gemeinsam glauben und bekennen. Handbuch zum Aposto-lischen Glauben, Neukirchen-Vluyn/Paderborn 1987, S. 256–268, hier S. 259.

4. Der Vollzug:
Gemeinschaft der Kirchen

Wenn man das neutestamentliche Zeugnis zum Maßstab nimmt, dann drängt sich die Frage auf, ob für eine geeinte Kirche neben der *Glaubensgemeinschaft* nicht auch die *Gütergemeinschaft* von zentraler Bedeutung ist. In den Briefen des Apostels Paulus wird deutlich, dass die Sammlung einer Kollekte aus den von ihm gegründeten heidenchristlichen Gemeinden für die unterstützungsbedürftige judenchristliche Gemeinde in Jerusalem ein wichtiges Anliegen war. Es scheint geradezu, als erhoffte er sich, die tiefgreifenden Unterschiede in Glaubensfragen durch die konkrete praktische Unterstützung so weit ausgleichen zu können, dass die Gemeinschaft nicht zerbricht. So finden sich im 2. Korintherbrief zwei ganze Kapitel (2. Kor 8.9), in denen Paulus die Gemeinden in Makedonien eindringlich zur Teilnahme an seiner Kollektensammlung auffordert.

Wenn man diese Beispiele gelebter Solidarität vergleicht mit der heutigen Praxis in der Ökumene, dann werden die bestehenden Defizite deutlich. Paul Crow bringt dies auf den Punkt, wenn er schreibt: »The scandal of the divided church is no longer in the division between churches or types of traditions [...]. The scandalous division is between those who live and those who die.«[171] Aus der Perspektive der Christen in Lateinamerika, Asien oder Afrika kann die Einheit der Kirche in Wahrheit nur dann verwirklicht werden, wenn dem Bedürfnis nach globaler Gütergemeinschaft stärker entsprochen wird. Ein Betrag von etwa einem Prozent für den Posten ›Entwicklungshilfe‹ bzw. ›zwischenkirchliche Zusammenarbeit‹ im Haushalt der Kirchen in reichen Ländern genügt keineswegs, um diesem Erfordernis gerecht zu werden. Die Forderung nach Gütergemeinschaft wird um so dringlicher, als

---

[171] Crow, Paul A.: Ecumenics as Reflections on Models of Christian Unity. In: Amirthan, Samuel/Moon, Cyris (Hg.): The Teaching of Ecumenics, Genf 1987, S. 16–29, hier S. 27.

es sich hierbei um einen Aspekt handelt, dessen Umsetzung keinerlei theologische Hindernisse im Weg stehen. Es ist in der Tat bemerkenswert, dass die Bemühungen im zwischenkirchlichen Dialog sich zumeist auf Fragen der Glaubenslehre beziehen (und hier vor allem auf das, was die Kirchen trennt, weniger auf das, was sie eint), anstatt die Einheit der Kirche im materiellen Bereich voranzutreiben – denn hier liegt ein weites Betätigungsfeld, das noch kaum bearbeitet ist. Freilich: Die wesentliche Grundlage des christlichen Glaubens liegt auf spiritueller, nicht auf materieller Ebene. Dennoch gilt: Auch wo noch keine Abendmahlsgemeinschaft gegeben ist, steht einer fortschreitenden Gütergemeinschaft nichts entgegen. Und umgekehrt: Die Verwirklichung von Abendmahlsgemeinschaft allein reicht noch nicht aus, um zur vollen Einheit der Kirche zu gelangen, solange die Notwendigkeit von Gütergemeinschaft nicht beachtet wird.

Gütergemeinschaft könnte bei ›Einheit in Vielfalt‹ auf verschiedene Art verwirklicht werden. Die am weitesten gehende Form wäre eine gemeinsame Finanzverwaltung; aber auch andere Möglichkeiten sind denkbar. In jedem Fall wäre es wichtig, dass die in politischer Hinsicht vorhandene soziale Ungerechtigkeit nicht im kirchlichen Bereich fortgesetzt wird, dass die zwischenkirchliche Unterstützung in einem (auch aus Sicht der Bedürftigen) erheblichen Umfang erfolgt und dass dies in einer verbindlichen, institutionalisierten Weise geschieht.

Eine weitere Herausforderung für eine geeinte Kirche wäre die Frage nach ihrem *Namen*. Grundsätzlich erscheint es wünschenswert, dass die Einheit der Kirche auch durch einen gemeinsamen Namen kenntlich wird. Vor allem für das vereinte Auftreten nach Außen wäre dies hilfreich. Er könnte z.B. einfach die ›christliche Kirche‹ lauten. Zwar bringen die herkömmlichen konfessionellen Bezeichnungen des Christentums zweifellos Qualitäten von bleibender Bedeutung zum Ausdruck. Sie sind jedoch vor dem Hintergrund gegenseitiger Abgrenzung entstanden und wären insofern in der ›christlichen Kirche‹ nicht mehr nötig, weil *alle* Gemeinden danach strebten, *orthodox* (d.h. rechtgläubig), *katholisch* (d.h. allumfassend), *evangelisch* (d.h. eine gute Botschaft verkündend) und darüber hinaus charismatisch und diakonisch zu sein. Freilich müsste bei einer ›Einheit in Vielfalt‹ auch die vorhandene spirituelle Vielfalt benannt werden. Darum könnte neben dem gemeinsamen Namen eine Vielzahl an Bezeichnungen fortbestehen; dabei sollte jedoch deutlich werden, dass die Vielfalt der Traditionen und die Einheit der Kirche sich nicht ausschließen.

Vor allem aber wäre es für ›Einheit in Vielfalt‹ erforderlich, sich gegenseitig vorbehaltlos *als Kirchen anzuerkennen.* Dazu bedürfte es einer *Anerkennung der Ämter und Amtshandlungen* und schließlich einer *Versöhnung der Ämter mit wechselseitiger Handauflegung.* Dies hätte eine *ungehinderte Austauschbarkeit der Amtsträger* und die *volle Abendmahlsgemeinschaft* zur Folge (›Kanzel- und Altargemeinschaft‹). In der so entstandenen christlichen Kirche würde jede Taufe, die in einer Gemeinde aufgrund des Glaubensbekenntnisses mit der gemeinsamen trinitarischen Taufformel gespendet wird, von allen anderen Gemeinden anerkannt, so dass die Gläubigen anschließend die Zugehörigkeit zu ihrer jeweiligen Gemeinde frei wählen könnten und überall die gleichen Rechte und Pflichten hätten.

5. Die Folge:
Institutionelle Gestalt

Bei dem Modell ›Einheit in Vielfalt‹ wäre es im Hinblick auf die Organisationsstruktur der ›christlichen Kirche‹ denkbar, dass sie (vergleichbar dem altkirchlichen System der ›Pentarchie‹) in verschiedene *Teilkirchen* untergliedert ist. Hierfür könnte, entsprechend dem für die kirchliche Organisation seit alters her grundlegenden *Territorialprinzip*, eine *geographische* Einteilung vorgenommen werden. Die derzeitigen *konfessionellen*

Untergliederungen sollten dagegen wegfallen. Die größte Gliederungseinheit würde in den einzelnen Kontinenten bestehen, so dass es eine ›christliche Kirche in Europa‹, eine ›christliche Kirche in Afrika‹ usw. gäbe. Darüber hinaus böten sich weitere Differenzierungen an, wo das Christentum in die verschiedenen Kulturräume tiefer eingedrungen ist (so gäbe es sicherlich gewichtige Unterschiede zwischen der ›Kirche in Indien‹ und der ›Kirche in China‹ oder zwischen derjenigen in Nord- und Südeuropa). In immer kleineren Einheiten würde sich die *eine* christliche Kirche auf der Ebene eines Landes, einer Region und einer Stadt bzw. eines Kreises verwirklichen. *Die zentrale Manifestation dieser Kirche wäre die Ortsgemeinde*, wo für die Gläubigen ihre Zugehörigkeit zur christlichen Kirche durch Gottesdienst, Verkündigung und Dienst konkret erfahrbar wird. Gemeinsame übergeordnete Einrichtungen sollten dem missionarischen, diakonischen und sozialpolitischem Engagement dienen. Auf struktureller Ebene würde bei dem Modell ›Einheit in Vielfalt‹ der Aspekt der ›Einheit‹ durch die Organisation als Universalkirche, der Aspekt der ›Vielfalt‹ dagegen durch die Pluralität der Ortsgemeinden verwirklicht.

Die gegenwärtige Situation, dass an vielen Orten zahlreiche verschiedene Gemeinden mehr oder weniger nebeneinander her leben, sollte beendet werden. Zwar wäre es nicht wünschenswert, dass die Wiedervereinigung der christlichen Kirchen zu einem zahlenmäßigen Rückgang der Gemeinden oder zur Schließung von Gotteshäusern führt, denn das Ziel besteht ja nicht in einer Verminderung, sondern in der Belebung der Kirche. Alle bereits bestehenden Gemeinden sollten erhalten bleiben, wären in Zukunft jedoch nicht mehr nach Konfessionen voneinander abgegrenzt. Jene Pluralität, welche bislang als *konfessionelle* (d.h. nach Konfessionen *getrennte*) Vielfalt im Christentum in Erscheinung trat, sollte als *spirituelle* (allen *gemeinsame*) Vielfalt innerhalb der geeinten Kirche fortbestehen.

Das hieße konkret: Es wäre möglich, dass jeder getaufte Christ, mithin jedes Mitglied der ›christlichen Kirche‹, sich in *einer* Ortsgemeinde seiner Wahl als Mitglied einschreiben lässt. In dieser Gemeinde wäre die betreffende Person dann zum Empfang aller Sakramente und zur Inanspruchnahme aller Amtshandlungen sowie zur verantwortlichen Mitarbeit berechtigt und verpflichtet. Welche räumliche Entfernung jemand dabei in Kauf nimmt, bliebe dem einzelnen freigestellt. Niemand bräuchte auf die seinem Wohnort nächstgelegene Gemeinde festgelegt zu werden – so sehr das Prinzip der Zugehörigkeit am Ort wünschenswert und im wörtlichen Sinne ›naheliegend‹ ist. Aufgrund eines Umzugs könnte man sich problemlos in einer anderen Gemeinde am neuen Ort aufnehmen lassen. Aber auch am gleichen Ort wäre ein Wechsel möglich, wenn er aus persönlichen Gründen angezeigt erscheint (z.B. aus familiärem Anlass oder aufgrund einer Veränderung der spirituellen Orientierung). Ein solcher Wechsel sollte nicht leichtfertig erfolgen, denn das Gemeindeleben bedarf der Verbindlichkeit; er käme jedoch nicht mehr einem Bruch der Gemeinschaft gleich, wie bei einer herkömmlichen Konversion. Darüber hinaus stünde jedem die gastweise Teilnahme am Gottesdienst und an der Eucharistie aller anderen Gemeinden offen.

Bei ›Einheit in Vielfalt‹ wäre den Gläubigen die Zugehörigkeit zur Kirche dadurch erleichtert, dass konfessionelle Beschränkungen entfallen. Denn abgesehen davon, dass jedes Glied der geeinten Kirche die Mitgliedschaft in seiner Gemeinde wählen könnte, wären auch *innerhalb* einer jeden Gemeinde die verschiedensten Traditionen miteinander verbunden. Die individuelle Prägung der jeweiligen Gemeinde wäre abhängig von der örtlichen Überlieferung, von Ausbildung und Persönlichkeit der Gemeindeleiter, sowie von den Anliegen der Mitglieder. Weil das Gemeindeleben wesentlich von den Gemeindegliedern selbst getragen wird, wäre gewährleistet, dass ihren speziellen Bedürfnissen entsprochen wird. Bei

›Einheit in Vielfalt‹ wäre die Vielfalt im Grunde so groß, wie die Anzahl der verschiedenen christlichen Gemeinden auf der ganzen Welt.

Der Pfarrer, Priester, Pastor oder Vorsteher der jeweiligen Gemeinde wäre bei dem Modell ›Einheit in Vielfalt‹ nicht für diejenigen Gläubigen zuständig, die in einem fest umgrenzten Bezirk oder Sprengel wohnen, sondern für das geistliche Wohl all derjenigen, welche sich für die Zugehörigkeit zu dieser betreffenden Gemeinde entschieden haben bzw. die darüber hinaus seine Hilfe suchen. Das bedeutet: Die Amtsträger wären zwar nach wie vor einer bestimmten Ortsgemeinde zugeordnet und dort residenzpflichtig – die Gläubigen können jedoch ihre Gemeinde frei wählen. Um die Seelsorger auf diese Aufgabe umfassend vorzubereiten, sollte ihre Ausbildung in ökumenischer Perspektive erfolgen. Darüber hinaus würden die Pfarrer durch die übergemeindliche Zusammenarbeit mit ihren Kollegen und Kolleginnen immer mehr mit der Vielfalt der christlichen Traditionen in ihrem Umfeld vertraut. Diese Zusammenarbeit sollte sich nicht wie bisher auf gelegentliche Kontakte auf freiwilliger Basis beschränken, sondern sie müsste ein konstitutives Element der ›christlichen Kirche‹ sein. Da zwischen allen Gemeinden volle Kanzel- und Altargemeinschaft bestünde, würden gegenseitige Vertretungen und Zusammenarbeit in den verschiedensten Bereichen zum Alltag gehören.

Die Zusammengehörigkeit benachbarter Ortsgemeinden sollte in regelmäßigen Abständen durch eine größere gottesdienstliche Versammlung erfahrbar werden. Sie könnte in der größten Kirche der Stadt bzw. an einem zentralen Ort in der Region stattfinden. Als Anlass hierfür bieten sich christliche Hochfeste und kirchliche Feiertage an, aber auch spezifische ökumenische Zusammenkünfte sollten erhalten bleiben. Darüber hinaus würden natürlich auch nationale oder internationale Veranstaltungen, wie etwa ein Kirchentag oder ein Weltjugendtag, in einer ›christlichen Kirche‹ gemeinsam stattfinden. Ebenso sollten im überörtlichen Bereich die zahlreichen kirchlichen Institutionen, welche bis jetzt getrennt voneinander organisiert sind, zusammengelegt werden: die diakonischen Werke, Einrichtungen der inneren und der äußeren Mission sowie der Entwicklungszusammenarbeit, die Kategorialseelsorge in Krankenhäusern, in Gefängnissen oder beim Militär, die vielen Kindergärten, Schulen, Krankenhäuser, Altenheime, Beratungsstellen, Einrichtungen der Erwachsenenbildung usw. – all dies könnte und sollte gemeinsam getragen und finanziert werden.

Für das Modell einer ›Einheit in Vielfalt‹ ist es wesentlich, dass die Einheit der Kirche für jeden Einzelnen konkret erfahrbar wird. *Die Einheit der Kirche muss sich auf der Ebene der Ortsgemeinde verwirklichen*, weil es eben die Gemeinde mit ihrem gottesdienstlichen und sozialen Leben ist, um die sich die Zugehörigkeit zur Kirche für die Gläubigen zentriert. Dennoch benötigt die ›christliche Kirche‹ zweifellos auch auf übergemeindlicher Ebene Strukturen der Einheit. Hier ergeben sich für jedes Einheitsmodell die schwerwiegendsten Probleme, denn dieses Thema berührt die im ökumenischen Dialog bislang unbeantworteten Fragen des Bischofs- und des Papstamts. Eine Lösung kann hier nicht geboten werden; es lässt sich auf der Linie der bisherigen Argumentation nur andeuten, in welcher Richtung sie gesucht werden könnte. Wenn es bei ›Einheit in Vielfalt‹ darum geht, konfessionelle Einseitigkeiten zu überwinden, dann müsste dies auch in Bezug auf die Kirchenverfassung gelten. D.h. man sollte danach streben, kongregationalistische, synodale, episkopale und papale Elemente miteinander in Verbindung zu bringen. Das *kongregationalistische* Element würde durch die Betonung der Ortsgemeinde und ihrer Freiheit zum Ausdruck gebracht. Aus der Tradition von Kirchen mit einer *synodalen* Verfassung könnte man das Prinzip übernehmen, auf allen Ebenen Laien und Amtsträger gemeinsam an der Leitung der Kirche zu beteiligen und Mehrheitsentscheidungen zu treffen. Was die Repräsentanz der Laien anbelangt, so wäre es wünschenswert, dass jene

Gruppen stärkere Berücksichtigung finden, die in der Gesellschaft nur geringe Macht haben: Frauen, Kinder, Jugendliche, Alte, Kranke, Behinderte und Arme. Demgegenüber sollte der Einfluss von wohlhabenden, gut gebildeten Männern mittleren und höheren Alters begrenzt werden. Dies ist eine Forderung, welche in allen Kirchen bislang zu wenig umgesetzt wird. Konfessionen mit *episkopaler* Verfassung, wie die anglikanische, katholische und orthodoxe Kirche, würden zu einer ›Einheit in Vielfalt‹ dadurch beitragen, dass sie die Bedeutung des Bischofsamtes betonen. Es sollte in der ›christlichen Kirche‹ als konstitutiv angesehen werden. Die Gemeinden eines bestimmten Gebietes sollten zu Bistümern zusammengefasst sein, und jedem Bistum sollte ein Bischof vorstehen. Dabei wäre es denkbar, dass synodale und episkopale Elemente einander auf allen Ebenen ergänzen: Das würde bedeuten, dass die Ortsgemeinde gemeinsam von ihrem Pfarrer (bzw. ihren Pfarrern) und dem Gemeinderat geleitet wird; das Bistum gemeinsam vom Bischof mit einem Bistumsrat, welcher sowohl die Pfarrer als auch die Gemeindeglieder repräsentiert. ›Gemeinsam‹ könnte soviel bedeuten wie ›paritätisch‹, so dass nicht die einfache Mehrheit entschiede, sondern die Stimme des Pfarrers bzw. des Bischofs ebensoviel Gewicht hätte, wie die Gesamtheit des ihm zugeordneten Rates; schließlich ist dem Amtsträger ja die Leitung der Pfarrei bzw. des Bistums in besonderer Weise anvertraut. Andererseits sollten die betreffenden Gremien tatsächliche Entscheidungsbefugnis haben und nicht nur beratende Funktion, wie die pfarrlichen und diözesanen Pastoralräte im derzeitigen katholischen Kirchenrecht. Sie unterschieden sich zugleich von den in der evangelischen Kirche bekannten Pfarrgemeinderäten oder Presbyterien bzw. auf übergemeindlicher Ebene von den Synoden, bei welchen die Leitungsvollmacht im Wesentlichen von Laien wahrgenommen wird. Dieser Vorschlag würde in der Praxis bedeuten, dass Entscheidungen zwischen Laien und

Amtsträgern einmütig getroffen werden müssten, da jeder Seite ein Vetorecht zukäme.

Das Prinzip, die Verantwortung für die Kirchenleitung sowohl personal als auch kollegial wahrzunehmen, sollte auch auf universalkirchlicher Ebene verwirklicht werden. Die personale Leitung sollte hier durch den *Papst* ausgeübt werden, die kollegiale Leitung durch das *Konzil*. Die Zuordnung dieser beiden Instanzen müsste sich in ökumenischer Perspektive von der bisherigen Praxis in der katholischen Kirche unterscheiden, und zwar in dreierlei Hinsicht: Zum einen sollte auch hier Parität gegeben sein, d.h. das Konzil sollte nicht über dem Papst stehen (dies entspricht der Ablehnung des Konziliarismus in der katholischen Theologie); ebenso sollte jedoch die Autorität des Papstes nicht über einem ökumenischen Konzil stehen (wie es im derzeit geltenden katholischen Kirchenrecht der Fall ist). Entscheidungen sollten hier grundsätzlich einvernehmlich getroffen werden. Zum anderen müsste die Beschickung des Konzils dahingehend geändert werden, dass nicht nur Ortsbischöfe zu den regulären Teilnehmern zählen, sondern das ganze Volk Gottes unmittelbar repräsentiert wird: Priester, Ordensleute und Laien jeden Alters und Geschlechts. Schließlich müsste die Bedeutung des universalen Konzils insgesamt gestärkt werden, indem es zu einer regelmäßigen Institution wird. Wenn man sich vor Augen führt, wie bedeutsam viele Universalkonzilien für den Verlauf der Kirchengeschichte gewesen sind, dann erscheint es fragwürdig, dass Konzilien stets nur aus ganz bestimmtem Anlass und mitunter im Abstand von Jahrhunderten einberufen worden sind. Gewiss hängt die geistliche Wirkungskraft von Konzilien auch mit diesem besonderen Ereignischarakter zusammen, und ein ökumenisches Konzil sollte nichts Alltägliches in der Kirche sein, weil dann die Gefahr besteht, dass es mit bürokratischer Routine abgewickelt wird. Jedoch könnte es hilfreich sein, wenn Konzilien in größeren regelmäßigen Abständen von etwa 25 Jahren tagen, so dass sich dieses Ereignis in jeder Generation einmal wiederholt.

Was die konkrete Ausgestaltung des *Papstamtes* betrifft, so sollte es als ›Petrusdienst‹ verstanden werden, d.h. als universaler Dienst an der Einheit der Kirche. In diesem Sinne würde das Papstamt der kirchlichen Einheit nicht entgegenstehen; vielmehr wäre es ihm in besonderer Weise aufgetragen, der Einheit zu dienen. Gerade angesichts der zunehmenden Pluralisierung und des fortschreitenden Globalisierungsprozesses wäre ein ›Amt der Einheit‹ von besonderer Bedeutung für die weltweite Christenheit. Um seine Aufgabe wirksam erfüllen zu können, wäre es erforderlich, dass der Papst über tatsächliche Autorität verfügt; insofern sollte seine Stellung über den von orthodoxer Seite traditionell anerkannten ›Ehrenprimat‹ hinausgehen. Dafür bedarf seine Autorität der Akzeptanz, und das kann nicht allein durch äußere Machtbefugnisse erlangt werden, sondern muss auf innerer Glaubwürdigkeit beruhen. Hierfür wiederum sind neben der persönlichen Integrität des Amtsträgers auch institutionelle Faktoren von Bedeutung: vor allem *Transparenz der Entscheidungen* und *Kontrolle der Macht*. Weil das Konzil als Gegenüber das Papstes nicht kontinuierlich präsent ist, wäre es empfehlenswert, zwischen der episkopalen Leitung für die Bistümer und der papalen Leitung für die Gesamtkirche noch eine weitere Instanz einzurichten: So wäre es denkbar, eine ›patriarchale Leitungsstruktur‹ zu schaffen, die aus den Vorstehern der Kirche auf den fünf Kontinenten besteht – sozusagen die ›Patriarchen‹ von Rom, Konstantinopel, New York, Nairobi und Sydney in einer modernen Form der ›Pentarchie‹. Dieser kleine Kreis von Verantwortlichen könnte ein Gremium bilden, mit welchem sich der Papst beständig berät (wobei wie auf allen anderen Leitungsebenen auch eine reale Entscheidungsbefugnis für das synodale Element und das Prinzip der Parität verwirklicht werden sollte).[172] Aus historischen wie ökumenischen Gründen legt es sich nahe, dass das Amt des Papstes durch den Bischof von Rom ausgeübt wird.

Bei der Frage nach Kirchenleitung und Amt stellt sich auch das Problem der *Frauenordination*. Es wurde im ökumenischen Dialog bisher weitgehend umgangen, denn solange in grundlegenden Fragen des Amtsverständnisses noch kein Konsens erreicht ist, scheint es wenig sinnvoll, eine Kontroverse in Bezug auf die konkrete Ausgestaltung des Amtes zu führen. So bleibt es meist bei der Konstatierung der unterschiedlichen Positionen. Außerdem erscheint dieses Thema aufgrund seiner Faktizität als besonders sperrig. Hier gibt es keine Möglichkeit zu uneindeutigen Kompromissformeln: Entweder wird die Ordination von Frauen anerkannt oder nicht. Allenfalls lassen sich noch Abstufungen erdenken – etwa in dem Sinne, dass Frauen als Diakoninnen geweiht werden, oder dass sie zwar als Pfarrerinnen ordiniert werden können, jedoch nicht zum Bischofsamt zugelassen werden. Auch für das Modell ›Einheit in Vielfalt‹ ist eine *Entscheidung* in dieser Frage unausweichlich; und sie sollte so ausfallen, dass eine *Zulassung von Frauen zu allen Ämtern* vorgesehen wird, einschließlich des Bischofsamtes und des höchsten universalen Leitungsamtes.

Die Institution des Ökumenischen Rates der Kirchen würde in einer geeinten christlichen Kirche verzichtbar werden. Damit würde sich die ursprüngliche Bestimmung dieser Organisation erfüllen. Sie könnte weitergeführt werden als weltweites Zentrum der Information und Kommunikation für die Christenheit.

---

[172] KARL RAHNER hielt es für möglich, »dass die eine und ganze episkopale Vollmacht auch von einem kleinen Kollektiv getragen werden könne. Die katholische Lehre vom Gesamtepiskopat als dem höchsten Leitungsgremium der Kirche zeigt, dass kollegiale Verfassungsstrukturen dem Wesen der katholischen Kirche nicht einfach von vornherein wesensfremd sein können.« RAHNER, KARL: Scheinprobleme in der ökumenischen Diskussion. Vortrag am 27. August 1977 auf dem 3. Internationalen Ökumene-Kongress der Jesuiten. In: DERS.: Schriften zur Theologie, Bd. 13, Zürich 1978, S. 49–68, hier S. 53 f.

Die ›Einheit in Vielfalt‹, wie sie hier beschrieben wurde, wäre *wachstumsfähig*. Sie könnte zwischen zwei oder mehreren Kirchen beginnen; dieser Gemeinschaft könnten im Laufe der Zeit immer mehr Kirchen beitreten. Um ihnen einen solchen Schritt zu erleichtern und ihnen auf dem Weg entgegenzukommen, wäre es angebracht, dass diejenigen, welche sich bereits zur ›Einheit in Vielfalt‹ zusammengeschlossen haben, die notwendigen Voraussetzungen für die Zugehörigkeit weiterer Kirchen schaffen: Sie könnten den anderen Kirchen gegenüber einseitig die Lehrverurteilungen der Vergangenheit aufheben und sie als Kirche Christi einschließlich ihrer Ämter und Amtshandlungen voll anerkennen.

X. Schluss

Was hier beschrieben wurde, soll ein Gedankenanstoß sein. Er kann dazu dienen, selbst weiter zu überlegen, wie die Einheit der Kirche praktisch Gestalt annehmen kann und welche konkreten Schritte auf dem Weg zu diesem Ziel unternommen werden könnten. Dabei sollten wir uns nicht darüber hinwegtäuschen, dass ein wesentlicher Erfolg in absehbarer Zeit kaum wahrscheinlich ist. Und dennoch daran festhalten: *Kircheneinheit ist möglich* – nicht nur am Ende der Zeit, sondern im Hier und Jetzt! Auch wenn die Zeichen dafür gerade ungünstig stehen. Aber wer weiß? Es ist immerhin denkbar, dass der massive Mitgliederschwund in den beiden großen Kirchen in Deutschland zu einem Umdenken beitragen und ein ökumenisches Zusammenrücken befördern wird. Und die Kirchengeschichte hält auch Überraschungen bereit: Wer hätte am Vorabend des 2. Vatikanischen Konzils zu träumen gewagt, wie sehr sich die katholische Kirche nur wenige Jahre später geöffnet hat? Schließlich ist die Kirche ja nicht nur ein menschliches Unterfangen, sondern sie vertraut auf den Geist Gottes, der sie bewegt.

In jedem Fall ist Ökumene kein Luxus, sondern eine Schicksalsfrage für die Kirche. Die Einheit der Kirche betrifft die Glaubwürdigkeit des christlichen Zeugnisses insgesamt. Sie ist nicht nur innerkirchlich von Bedeutung, sondern hat darüber hinaus auch Auswirkungen im politischen Bereich: In einem zusammenwachsenden Europa stellt sich die Frage, ob die Kirchen als ›Modell gelebter Versöhnung‹ eine gesellschaftliche Vorbildfunktion erfüllen können, oder ob sie den Anschluss an globale Integrationsprozesse verlieren. *So geht es bei der Einheit der Kirche auch um die Zukunft der Kirchen: Werden sie am Beginn des dritten Jahrtausends einen fortschreitenden Bedeutungsverlust erleiden, oder vermögen sie sich in den bestehenden Herausforderungen zu bewähren?*

Anhang

Abkürzungsverzeichnis

CA: *Confessio Augustana* (Augsburger Bekenntnis) von 1530

CIC/1983: *Codex iuris canonici* (Codex des kanonischen Rechts) in der gültigen Fassung von 1983

ER: Päpstlicher Rat zur Förderung der Einheit der Christen (sogenannter Einheitsrat)

DH: DENZINGER, HEINRICH (Hg.): Kompendium der Glaubensbekenntnisse und kirchlichen Lehrentscheidungen, Hg. HÜNERMANN, PETER, Freiburg [38]1999

DÖStA: Deutscher Ökumenischer Studienausschuss

EKD: Evangelische Kirche in Deutschland

F&O: Faith and Order (Bewegung für Glauben und Kirchenverfassung)

GEKE: Gemeinschaft evangelischer Kirchen in Europa (früher: Leuenberger Kirchengemeinschaft)

GK: Kongregation für die Glaubenslehre der römisch-katholischen Kirche (sogenannte Glaubenskongregation)

KNA: Katholische Nachrichtenagentur

LK: Leuenberger Kirchengemeinschaft bzw. Leuenberger Konkordie (seit 2003: Gemeinschaft evangelischer Kirchen in Europa)

L&W: Life and Work (Bewegung für Praktisches Christentum)

LWB: Lutherischer Weltbund

ÖRK: Ökumenischer Rat der Kirchen

VELKD: Vereinigte Evangelisch-Lutherische Kirche Deutschlands

Schaubild zu den Quellen der ökumenischen Bewegung

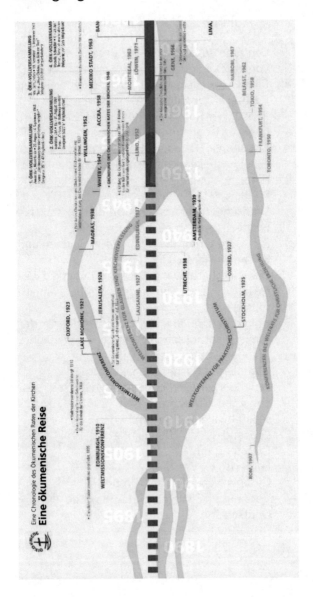

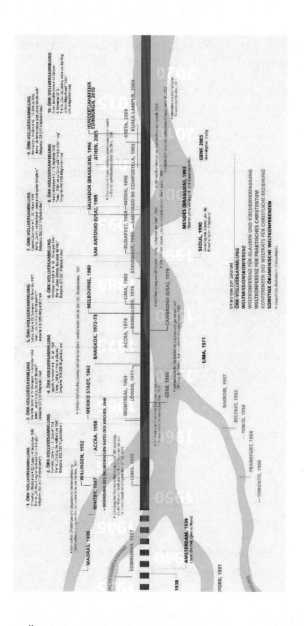

© ÖRK, Genf

Schaubild zur konfessionellen Aufteilung des Christentums

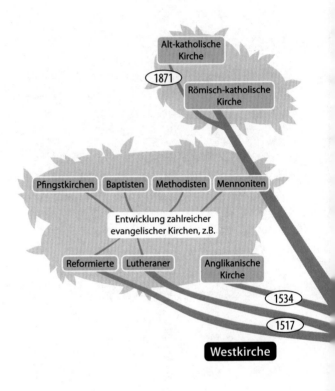

Schaubild zur konfessionellen
Aufteilung des Christentums

GOTTES GEIST

Bulgarisch-orthodoxe
Kirche

Rumänisch-orthodoxe
Kirche

Serbisch-orthodoxe
Kirche

Seit dem 19. Jh. verschiedene
weitere orthodoxe Kirchen, z.B.

Griechisch-orthodoxe
Kirche

Russisch-orthodoxe
Kirche

1589

Ostkirche

54

Armenische
Kirche

Syrische
Kirche

Koptische
Kirche

Äthiopische
Kirche

Alt-orientalische
Kirchen

451

BIBEL   GEBET   NÄCHSTENLIEBE

Zeittafel zur Geschichte
der ökumenischen Bewegung

1910:   Weltmissionskonferenz in Edinburgh – Beginn der modernen ökumenischen Bewegung

1915:   Gründung der *United Church of Canada* durch die Vereinigung von Kongregationalisten, Presbyterianern und Methodisten

1920:   Enzyklika des Ökumenischen Patriarchen in Konstantinopel „An die Kirchen Christi überall" mit dem Vorschlag, einen Kirchenbund nach dem Vorbild des Völkerbundes zu gründen

1920:   Aufruf der anglikanischen Lambeth-Konferenz zur »Wiedervereinigung der Christenheit«

1921:   Gründung des Internationalen Missionsrates

1925:   1. Weltkonferenz für Praktisches Christentum in Stockholm

1927:   1. Weltkonferenz für Glauben und Kirchenverfassung in Lausanne

1927:   Gründung der *Church of Christ in China* durch die Vereinigung von Kongregationalisten, Presbyterianern, Baptisten, Methodisten und Brüder-Unität

1937:   2. Weltkonferenz für Glauben und Kirchenverfassung in Edinburgh

1937:   2. Weltkonferenz für Praktisches Christentum in Oxford

1938:   Gründung der »Reformierten Kirche Frankreichs« durch die Vereinigung von vier kleineren reformierten Kirchen

1941:   Gründung der *Church of Christ in Japan* durch die Vereinigung von Kongregationalisten, Presbyterianern, Baptisten, Methodisten und Disciples of Christ

1947: Gründung der *Church of South India* durch die Vereinigung von Anglikanern, Kongregationalisten, Presbyterianern, und Methodisten

1948: Gründung der *United Church of Christ/Philippines* durch die Vereinigung von Kongregationalisten, Presbyterianern, Brüder-Unität und Disciples of Christ

1948: Gründungsversammlung des Ökumenischen Rates der Kirchen in Amsterdam

1952: 3. Weltkonferenz für Glauben und Kirchenverfassung in Lund

1954: 2. Vollversammlung des Ökumenischen Rates der Kirchen in Evanston

1957: Gründung der *United Church of Christ (USA)* durch die Vereinigung verschiedener protestantischer Kirchen

1960: Gründung des vatikanischen Sekretariats für die Einheit der Christen (1988 zum Päpstlichen Rat erhoben)

1961: 3. Vollversammlung des Ökumenischen Rates der Kirchen in Delhi

1961: Gründung der *Church of North India* durch die Vereinigung von Anglikanern, Kongregationalisten, Presbyterianern, Baptisten, Methodisten, Brüder-Unität und Disciples of Christ

1962–65: Zweites Vatikanisches Konzil der katholischen Kirche

1963: 4. Weltkonferenz für Glauben und Kirchenverfassung in Montreal

1964: Treffen von Papst PAUL VI. und dem Ökumenischen Patriarchen ATHENAGORAS I. in Jerusalem

1965: Aufhebung des Banns zwischen West- und Ostkirche von 1054

1966: Weltkonferenz für Kirche und Gesellschaft in Genf

1968: 4. Vollversammlung des Ökumenischen Rates der Kirchen in Uppsala

1968:	Vollmitgliedschaft der katholischen Kirche bei der Kommission für Glauben und Kirchenverfassung (12 Mitglieder von 120)
1969:	Besuch von Papst PAUL VI. beim Ökumenischen Rat der Kirchen in Genf
1970:	Gründung der *Church of Pakistan* durch die Vereinigung von Anglikanern, Kongregationalisten, Presbyterianern und Methodisten
1971:	Ökumenisches Pfingsttreffen in Augsburg
1971:	Erklärung der Abendmahlsgemeinschaft durch die altkatholische Kirche in Deutschland
1971–75:	Gemeinsame Synode der Bistümer der Bundesrepublik Deutschland in Würzburg
1973:	Gründung der Leuenberger Kirchengemeinschaft zwischen reformatorischen Kirchen in Europa (seit 2003 umbenannt in »Gemeinschaft evangelischer Kirchen in Europa«)
1973:	Empfehlung des Lutherischen Weltbundes zur einseitigen eucharistischen Gastbereitschaft gegenüber der katholischen Kirche
1974:	Lausanner Verpflichtung der Internationalen Konferenz für Weltevangelisation
1975:	Erklärung der eucharistischen Gastbereitschaft der Vereinigten Evangelisch-Lutherischen Kirche Deutschlands gegenüber der katholischen Kirche
1975:	5. Vollversammlung des Ökumenischen Rates der Kirchen in Nairobi
1982:	Konvergenzerklärung über Taufe, Eucharistie und Amt der Kommission für Glaube und Kirchenverfassung
1983:	6. Vollversammlung des Ökumenischen Rates der Kirchen in Vancouver
1984:	Kirchengemeinschaft zwischen der römisch-katholischen Kirche und der monophysitischen Kirche Syriens

1988:	Erklärung von Meißen zur eingeschränkten Kirchengemeinschaft zwischen anglikanischer Kirche und evangelischen Kirchen in Deutschland
1989:	Ökumenische Versammlung für Gerechtigkeit, Frieden und Bewahrung der Schöpfung in Dresden
1989:	Europäische Ökumenische Versammlung Frieden in Gerechtigkeit in Basel
1990:	Weltversammlung für Gerechtigkeit, Frieden und Bewahrung der Schöpfung in Seoul
1990:	Überwindung der Kirchenspaltung zwischen orthodoxen und altorientalischen Kirchen durch das Abkommen von Chambésy
1991:	7. Vollversammlung des Ökumenischen Rates der Kirchen in Canberra
1992:	Erklärung von Porvoo zur Kirchengemeinschaft zwischen anglikanischer Kirche und lutherischen Kirchen in Skandinavien und im Baltikum
1993:	5. Weltkonferenz für Glauben und Kirchenverfassung in Santiago de Compostela
1995:	Enzyklika *Ut unum sint* von Papst JOHANNES PAUL II.
1997:	2. Europäische Ökumenische Versammlung in Graz
1997:	Erklärung der Kirchengemeinschaft zwischen lutherischen, reformierten und presbyterianischen Kirchen und der United Church of Christ in den USA
1998:	8. Vollversammlung des Ökumenischen Rates der Kirchen in Harare
1999:	Erklärung von Réuilly zur eingeschränkten Kirchengemeinschaft zwischen anglikanischer Kirche und lutherischen sowie reformierten Kirchen in Frankreich
1999:	Unterzeichnung der Gemeinsamen Erklärung zur Rechtfertigungslehre zwischen katholi-

scher Kirche und Lutherischem Weltbund in Augsburg

2000:   Schuldbekenntnis von Papst JOHANNES PAUL II.

2001:   Verabschiedung der *Charta Oecumenica* durch die Konferenz Europäischer Kirchen und den Rat der Europäischen Bischofskonferenzen

2001:   Erklärung von Waterloo zur Kirchengemeinschaft zwischen anglikanischer und lutherischer Kirche in Kanada

2003:   1. Ökumenischer Kirchentag in Berlin

2006:   Besuch von Papst BENEDIKT XVI. beim Ökumenischen Patriarchen BARTHOLOMAIOS I. in Konstantinopel

2007:   Erklärung zur wechselseitigen Anerkennung der Taufe in Magdeburg

2007:   3. Europäische Ökumenische Versammlung in Sibiu, Rumänien

2010:   2. Ökumenischer Kirchentag in München

2013:   10. Vollversammlung des Ökumenischen Rates der Kirchen in Busan

2017:   Ökumenischer Versöhnungsgottesdienst anlässlich des 500-jährigen Reformationsjubiläums in Hildesheim

Bibelstellen zur Einheit der Christen

»Komm deinem Gegner schnell entgegen, während du mit ihm auf dem Weg bist!« (Mt 5, 25)

»Johannes sagte zu ihm: Lehrer, wir sahen jemand Dämonen austreiben in deinem Namen; und wir wehrten ihm, weil er uns nicht nachfolgt. Jesus aber sprach: Wehrt ihm nicht, denn es ist niemand, der ein Wunder in meinem Namen tun und bald darauf schlecht von mir reden kann. Denn wer nicht gegen uns ist, ist für uns.« (Mk 9, 38–40)

»Ich habe andere Schafe, die nicht aus diesem Hof sind; auch diese muss ich bringen, und sie werden meine Stimme hören, und es wird eine Herde, ein Hirte sein.« (Joh 10, 16)

»Bewahre sie in deinem Namen, den du mir gegeben hast, dass sie eins seien wie wir! [...] Aber nicht für diese allein bitte ich, sondern auch für die, welche durch ihr Wort an mich glauben, damit sie alle eins seien, wie du, Vater, in mir und ich in dir, dass auch sie in uns eins seien, damit die Welt glaube, dass du mich gesandt hast. Und die Herrlichkeit, die du mir gegeben hast, habe ich ihnen gegeben, dass sie eins seien, wie wir eins sind – ich in ihnen und du in mir –, dass sie in eins vollendet seien, damit die Welt erkenne, dass du mich gesandt und sie geliebt hast, wie du mich geliebt hast.« (Joh 17, 11.20–23)

»Sie verharrten aber in der Lehre der Apostel und in der Gemeinschaft, im Brechen des Brotes und in den Gebeten. [...] Alle Gläubiggewordenen aber waren beisammen und hatten alles gemeinsam [...]. Täglich verharrten sie einmütig im Tempel und brachen zu Hause das Brot, nahmen Speise mit Jubel und Schlichtheit des Herzens, lobten Gott und hatten Gunst beim ganzen Volk. Der Herr aber tat täglich hinzu, die gerettet werden sollten.« (Apg 2, 42.44.46.47)

»Die Menge derer aber, die gläubig wurden, war *ein* Herz und *eine* Seele.« (Apg 4, 32)

»Ich sage durch die Gnade, die mir gegeben wurde, jedem, der unter euch ist, nicht höher von sich zu denken, als zu denken sich gebührt, sondern darauf bedacht zu sein, dass er besonnen sei, wie Gott einem jeden das Maß des Glaubens zugeteilt hat. Denn wie wir in einem Leib viele Glieder haben, aber die Glieder nicht alle dieselbe Tätigkeit haben, so sind wir, die vielen, ein Leib in Christus, einzeln aber Glieder voneinander. Da wir aber verschiedene Gnadengaben haben nach der uns gegebenen Gnade, so lasst sie uns gebrauchen: Es sei Weissagung, in der Entsprechung zum Glauben; es sei Dienst, im Dienen; es sei, der lehrt, in der Lehre«. (Röm 12, 3–7)

»Der eine hält einen Tag vor dem anderen, der andere aber hält jeden Tag gleich. Jeder aber sei in seinem eigenen Sinn völlig überzeugt!« (Röm 14, 5)

»Ich ermahne euch aber, Brüder, durch den Namen unseres Herrn Jesus Christus, dass ihr alle einmütig redet und nicht Spaltungen unter euch seien, sondern dass ihr in demselben Sinn und in derselben Meinung völlig zusammengefügt seiet. Denn es ist mir durch die Hausgenossen der Chloë über euch bekannt geworden, meine Brüder, dass Streitigkeiten unter euch sind. Ich meine aber dies, dass jeder von euch sagt: Ich bin des Paulus, ich aber des Apollos, ich aber des Kephas, ich aber Christi. Ist der Christus zerteilt? Ist etwa Paulus für euch gekreuzigt, oder seid ihr auf den Namen des Paulus getauft worden?« (1. Kor 1, 10–13)

»Wo Eifersucht und Streit unter euch ist, seid ihr da nicht fleischlich und wandelt nach Menschenweise? Denn wenn einer sagt: Ich bin des Paulus, der andere aber: Ich des Apollos – seid ihr nicht menschlich? Was ist denn Apollos? Und was ist Paulus? Diener, durch die ihr gläubig geworden seid, und zwar wie der Herr einem jeden gegeben hat. Ich habe gepflanzt, Apollos hat begossen, Gott aber hat das Wachstum gegeben. So ist weder der da pflanzt etwas, noch der da begießt, sondern Gott, der das Wachstum gibt. Der aber pflanzt und der begießt, sind eins; jeder aber wird seinen eigenen Lohn empfangen nach seiner eigenen Arbeit. Denn Gottes Mitarbeiter sind wir; Gottes Ackerfeld, Gottes Bau seid ihr. Nach der Gnade Gottes, die mir gegeben ist, habe ich als ein weiser Baumeister den Grund gelegt; ein anderer aber baut darauf; jeder aber sehe zu, wie er darauf baut. Denn einen anderen Grund kann niemand legen außer dem, der gelegt ist, welcher ist Jesus Christus.« (1. Kor 3, 3–11)

»Es müssen auch Parteiungen unter euch sein, damit die Bewährten unter euch offenbar werden.« (1. Kor 11, 19)

»Denn wie der Leib *einer* ist und viele Glieder hat, alle Glieder des Leibes aber, obwohl viele, ein Leib sind: so auch der Christus. Denn in *einem* Geist sind wir alle zu *einem* Leib getauft worden, es seien Juden oder Griechen, es seien Sklaven oder Freie, und sind alle mit *einem* Geist getränkt worden. Denn auch der Leib ist nicht *ein* Glied, sondern viele. Wenn der Fuß spräche: Weil ich nicht Hand bin, gehöre ich nicht zum Leib; gehört er deswegen nicht zum Leib? Und wenn das Ohr spräche: Weil ich nicht Auge bin, gehöre ich nicht zum Leib; gehört es deswegen nicht zum Leib? Wenn der ganze Leib Auge wäre, wo wäre das Gehör? Wenn ganz Gehör, wo der Geruch? Nun aber hat Gott die Glieder bestimmt, jedes einzelne von ihnen am Leib, wie er wollte. [...] Gerade die Glieder des Leibes, die schwächer zu sein scheinen, sind notwendig [...]. Aber Gott hat den Leib zusammengefügt und dabei dem Mangelhafteren größere Ehre gegeben, damit keine Spaltung im Leib sei, sondern die Glieder dieselbe Sorge füreinander hätten. Und wenn *ein* Glied leidet, so leiden alle Glieder mit; oder wenn *ein* Glied verherrlicht wird, so freuen sich alle Glieder mit. Ihr aber seid Christi Leib und, einzeln genommen, Glieder.« (1. Kor 12, 12–18.22.24–27)

»Ihr alle seid Söhne Gottes durch den Glauben in Christus Jesus. Denn ihr alle, die ihr auf Christus getauft worden seid, ihr habt Christus angezogen. Da ist nicht Jude noch Grieche, da ist nicht Sklave noch Freier, da ist nicht Mann und Frau; denn ihr alle seid einer in Christus Jesus.« (Gal 3, 26–28)

»Jetzt aber, in Christus Jesus, seid ihr, die ihr einst fern wart, durch das Blut des Christus nahe geworden. Denn *er* ist unser Friede. Er hat aus beiden eins gemacht und die Zwischenwand der Umzäunung, die Feindschaft, in seinem Fleisch abgebrochen. Er hat das Gesetz der Gebote in Satzungen beseitigt, um die zwei – Frieden stiftend – in sich selbst zu *einem* neuen Menschen zu schaffen und die beiden in *einem* Leib mit Gott zu versöhnen durch das Kreuz, durch das er die Feindschaft getötet hat. Und er kam und hat Frieden verkündigt euch, den Fernen, und Frieden den Nahen. Denn durch ihn haben wir beide durch *einen* Geist den Zugang zum Vater.« (Eph 2, 13–18)

»Ich ermahne euch nun, ich, der Gefangene im Herrn: Wandelt würdig der Berufung, mit der ihr berufen worden seid, mit aller Demut und Sanftmut, mit Langmut, einander in Liebe ertragend! Befleißigt euch, die Einheit des Geistes zu bewahren durch das Band des Friedens: *Ein* Leib und *ein* Geist, wie ihr auch berufen worden seid in *einer* Hoffnung eurer Berufung! *Ein* Herr, *ein* Glaube, *eine* Taufe, *ein* Gott und Vater aller, der über allen und durch alle und in allen ist. Jedem Einzelnen von uns aber ist die Gnade nach dem Maß der Gabe Christi gegeben worden. [...] Und *er* hat die einen als Apostel gegeben und andere als Propheten, andere als Evangelisten, andere als Hirten und Lehrer, zur Ausrüstung der Heiligen für das Werk des Dienstes, für die Erbauung des Leibes Christi, bis wir alle hingelangen zur Einheit des Glaubens und der Erkenntnis des Sohnes Gottes, zur vollen Mannesreife, zum Maß der vollen Reife Christi.« (Eph 4, 1–7.11–13)

»Wenn es nun irgendeine Ermunterung in Christus gibt, wenn irgendeinen Trost der Liebe, wenn irgendeine Gemeinschaft des Geistes, wenn irgendein herzliches Mitleid und Erbarmen, so erfüllt meine Freude, dass ihr dieselbe Gesinnung und dieselbe Liebe habt, einmütig *eines* Sinnes seid, nichts aus Eigennutz oder eitler Ruhmsucht tut, sondern dass in der Demut einer den anderen höher achtet als sich selbst; ein jeder sehe nicht auf das Seine, sondern ein jeder auch auf das der anderen! Habt diese Gesinnung in euch, die auch in Christus Jesus war«. (Phil 2, 1–5)

»Diese sind es, die Trennungen verursachen, irdisch gesinnte Menschen, die den Geist nicht haben.« (Jud 19)

»Nach diesem sah ich: Und siehe, eine große Volksmenge, die niemand zählen konnte, aus jeder Nation und aus Stämmen und Völkern und Sprachen, stand vor dem Thron und vor dem Lamm, bekleidet mit weißen Gewändern und Palmen in ihren Händen. Und sie rufen mit lauter Stimme und sagen: Das Heil unserem Gott, der auf dem Thron sitzt, und dem Lamm! Und alle Engel standen rings um den Thron und die Ältesten und die vier lebendigen Wesen, und sie fielen vor dem Thron auf ihre Angesichter und beteten Gott an und sagten: Amen! Den Lobpreis und die Herrlichkeit und die Weisheit und die Danksagung und die Ehre und die Macht und die Stärke unserem Gott von Ewigkeit zu Ewigkeit! Amen.« (Offb 7, 9–12)

Zitate zur Einheit der Christen

»Kein kirchliches Übel, dem man durch Trennung zu entgehen sucht, ist so groß, wie das Übel der Trennung selbst.« (CYPRIAN VON KARTHAGO)

»*In necessariis unitas – in dubiis libertas – in omnibus caritas.*« (PETRUS MEIDERLIN)

»Ich kann, Gott hab Lob, als ein Unparteiischer, Ungefangener einen jeden lesen und bin keiner Sekte oder Menschen auf Erden also gefangen, dass mir nit zugleich alle Frommen von Herzen gefallen, ob sie schon in viel unnötigen Stücken einen Fehlgriff tun […]. Denn es ist kaum ein Heid, Philosophus oder Ketzer, der nit etwa ein gut Stück erraten hab, dass ich nicht darum verwirf, sondern als Feingold anbet […]. Darum ist mir ein Wahrheit ein Wahrheit und lieb sie, Gott geb, wer sie sag, auch in Ketzern und bitt Gott auch für die übrigen Irrtümer, dass er sie zudeck, vergib, oder entdeck, dass sie die erkennen und abstehen. Und bin des Irrens und Fehlgreifens an allen Menschen gewohnt, dass ich keinen Menschen auf dem Erdboden darum hass, sondern mich selbst mein Elend und Kondition in ihnen bewein.« (SEBASTIAN FRANCK)

»Liebst du Gott und dienst du ihm? Das ist genug! Ich reiche dir die Hand der Gemeinschaft.« (JOHN WESLEY)

»Es ist nicht eine einzige christliche Sekte, die einen nicht über etwas beschämen könnte, bei der man nicht auf eine kurze oder lange Zeit in die Schule gehen und etwas von ihr lernen könnte.« (NIKOLAUS LUDWIG VON ZINZENDORF)

»Wie das Meer alle Gewässer, Ströme und Bächlein aufzehrt und ihnen Theil gibt an seiner Kraft, Bewegung, Schärfe und Herrlichkeit, dass dieser Wasser nicht eins gelüstet, wieder meeraus zu fließen: So müsste die eine christliche Kirche, sofern sie die Eigenschaften des

Meeres ertragen könnte, groß, schrankenlos, offenbar, salzig und bewegt zu sein, der Behälter aller Strömung des reichsten Lebens und die Darstellung des Erhabenen sein.« (WILHELM DITTMAR)

»So paradox das Wort klingen mag, die Frage der Annäherung der Kirchen fällt mit der Frage der Verinnerlichung und Freiheit in jeder einzelnen Kirche zusammen. Das interkonfessionelle Problem ist in Wahrheit ein konfessionelles; denn es ist in dem konfessionellen Problem der inneren Vertiefung und Erweiterung schon enthalten.« (ADOLF VON HARNACK)

»Wir glauben, dass der Weg, der uns wirklich zur Einigung führt, für uns alle der Weg gegenseitiger Rücksichtnahme auf das Gewissen des anderen ist.« (Lambeth-Konferenz/1920: Aufruf an alle Christen)

»Je näher wir dem gekreuzigten Christus kommen, umso näher kommen wir einander, wie verschieden auch die Farben sein mögen, in denen unser Glaube das Licht widerscheinen lässt.« (Vollversammlung der Bewegung für Praktisches Christentum Stockholm/1925: Botschaft, Nr. 14)

»Um eins zu werden, müssen wir uns lieben: um uns zu lieben, müssen wir uns kennen; um uns zu kennen, müssen wir uns begegnen.« (Kardinal DÉSIRÉ-JOSEPH MERCIER)

»Die Mauern der Trennung reichen nicht bis zum Himmel.« (Metropolit PLATON VON KIEV)

»Uns trennt nichts, als die Jahrhunderte der Trennung.« (Patriarch ATHENAGORAS VON KONSTANTINOPEL)

»Die Einigung der Christenheit wird nicht nur eine Wiedergutmachung der Entzweiung sein, sondern viel mehr. Sie wird die Aufrichtung einer neuen, umfassenderen, reicheren Einheit als die ursprüngliche sein, einer Einheit, die wirklich neue menschliche Werte aufgenommen hat. Sie wird ein Fortschritt gegenüber dem Zustand sein, der vor der Entzweiung lag. [...] Sie wird sich nicht durch einen Rückschritt, sondern durch einen kühnen Schritt nach vorn verwirklichen. [...] Wenn die Einigung kommen soll, dann wird sie sich in einem Maximum, nicht in einem Minimum, in der Fülle, nicht in der Dürftigkeit vollziehen.« (J. KOPF)

»Die Kirche geht ihren Weg in Sünde und Schwachheit. Daher werden wir meist nur Zwischenziele erreichen. Der Glaube wird darüber weder ungeduldig werden, noch resignieren, sondern sich der Aufgabe stellen, das heute Mögliche zu verwirklichen, um dadurch für Morgen neue Möglichkeiten zu eröffnen.« (Würzburger Synode/1971–75, Beschluss: Ökumene, Nr. 4.3.3)

»Christen verschiedener Konfessionen sollen so übereinander sprechen, dass jederzeit die Partner zuhören können, ohne sich und ihre Sache verzerrt oder entstellt zu finden.« (Würzburger Synode/1971–75, Beschluss: Ökumene, Nr. 5.2.2)

»Die ökumenische Aufgabe duldet keinen Aufschub. Die Gunst der Stunde, vom Herrn der Zeiten geschenkt, darf nicht versäumt werden. Schin gibt es beunruhigende Zeichen der Erschlaffung des ökumenischen Willens [...] Ökumenische Orientierung muss neuer Stil der Kirche werden.« (Würzburger Synode/1971–75, Beschluss: Ökumene, Nr. 9.5)

»Man wird die Einheit der Kirche eines Tages feststellen als etwas, das schon eingetreten ist.« (Frère ROGER SCHUTZ)

»Vierhundert, gar tausend Jahre Kirchentrennung können nicht in einem Sprung überwunden werden. Es

braucht viele Schritte. Allerdings ein energisches, groß-
zügiges Ausschreiten und nicht nur ein kleinliches, plan-
loses Umhertappen.« (HANS KÜNG)

»Nicht die Einheit bedarf der Rechtfertigung, sondern die
Trennung, und dies in jedem einzelnen Fall.« (Kardinal
JOSEPH RATZINGER)

»Ecumenism is a victim of its own success [...]. The ecumenical thirst is almost satiated, and ethusiasm declines.«
(GEORGE LINDBECK)

»Was uns miteinander verbindet ist stärker, als das, was
uns noch trennt.« (Kardinal KARL LEHMANN und
WOLFHARD PANNENBERG)

»Es handelt sich nicht nur darum, Informationen über die
anderen zu erhalten, um sie besser kennen zu lernen, sondern darum, das, was der Geist bei ihnen gesät hat, als ein
Geschenk aufzunehmen, das auch für uns bestimmt ist.«
(Papst FRANZISKUS: Evangelii gaudium, Nr. 244)

Literatur zur Ökumene

Arbeitsgemeinschaft christlicher Kirchen in Deutschland/Ökumenischer Rat der Kirchen (Hg.): In Gottes Hand. Gemeinsam beten für die Welt. Gebete aus der weltweiten Ökumene, Paderborn 2008

BRIA, ION/HELLER, DAGMAR (Hg.): Ecumenical Pilgrims. Profiles of Pioneers in Christian Reconciliation, Genf 1995

BROSSEDER, JOHANNES/KÜHN, ULRICH/LINK, HANS-GEORG: Überwindung der Kirchenspaltung. Konsequenzen aus der Gemeinsamen Erklärung zur Rechtfertigungslehre, Neukirchen-Vluyn 1999

BROSSEDER, JOHANNES/LINK, HANS-GEORG (Hg.): Eucharistische Gastfreundschaft. Ein Plädoyer evangelischer und katholischer Theologen, Neukirchen-Vluyn 2003

BROSSEDER, JOHANNES/LINK, HANS-GEORG (Hg.): Gemeinschaft der Kirchen. Traum oder Wirklichkeit? (Ökumene Konkret, Bd. 3), Zürich/Neukirchen-Vluyn 1993

COMENIUS, JOHANN AMOS: Allverbesserung (Panorthosia), Hg. HOFMANN, FRANZ (Erziehungskonzeptionen und Praxis, Bd. 37), Frankfurt 1998

CULLMANN, OSCAR: Einheit durch Vielfalt. Grundlegung und Beitrag zur Diskussion über die Möglichkeiten ihrer Verwirklichung, Tübingen [2]1990

ERASMUS VON ROTTERDAM: Querela pacis/Die Klage des Friedens. In: DERS.: Ausgewählte Schriften, Hg. WELZIG, WERNER, Bd. 5, Darmstadt 1968, S. 359–451

ERNESTI, JÖRG: Kleine Geschichte der Ökumene, Freiburg 2007

FRIELING, REINHARD: Im Glauben eins – in Kirchen getrennt? Visionen einer realistischen Ökumene, Göttingen 2006

FRIELING, REINHARD: Katholisch und Evangelisch. Informationen über den Glauben Bensheimer Hefte, Ht. 46, Göttingen [8]1999

FRIELING, REINHARD: Der Weg des ökumenischen Gedankens. Eine Ökumenekunde (Zugänge zur Kirchengeschichte, Bd. 10), Göttingen 1992

FRIES, HEINRICH/RAHNER, KARL: Einigung der Kirchen – reale Möglichkeit. Erweiterte Sonderausgabe. Mit einer Bilanz »Zustimmung und Kritik« von HEINRICH FRIES (Quaestiones disputatae, Bd. 100), Freiburg 1985 [Erstveröffentlichung 1983]

GLOEDE, GÜNTHER (Hg.): Ökumenische Profile. Brückenbauer der einen Kirche, 2 Bde., Stuttgart 1961/1963

HINTZEN, GEORG/THÖNISSEN, WOLFGANG: Kirchengemeinschaft möglich? Einheitsverständnis und Einheitskonzepte in der Diskussion, Paderborn 2001

Johann-Adam-Möhler-Institut (Hg.): Kleine Konfessionskunde (Konfessionskundliche Schriften des Johann-Adam-Möhler-Instituts, Nr. 19), Paderborn [3]1999

KANTZENBACH, FRIEDRICH WILHLEM: Einheitsbestrebungen im Wandel der Kirchengeschichte (Studienbücher Theologie: Kirchen- und Dogmengeschichte), Gütersloh 1979

KAPPES, MICHAEL u.a. (Hg.): Basiswissen Ökumene, Bd. 1: Ökumenische Entwicklungen – Brennpunkte – Praxis, Leipzig/Paderborn 2017

KAPPES, MICHAEL u.a. (Hg.): Basiswissen Ökumene, Bd. 2: Arbeitsbuch mit Materialien, Leipzig/Paderborn 2019

KAPPES, MICHAEL u.a. (Hg.): Trennung überwinden. Ökumene als Aufgabe der Theologie (Theologische Module, Bd. 2), Freiburg 2007

KINNAMON, MICHAEL/COPE, BRIAN (Hg.): The Ecumenical Movement. An Anthology of Key Texts and Voices (WCC Publications), Genf/Grand Rapids 1997

KNECHT, SEBASTIAN [SCHLINK, EDMUND]: Die Vision des Papstes, Graz/Göttingen 1975

KOCH, HERBERT: Einheit der Kirche. Besichtigung einer Utopie, Düsseldorf 2007

KOCK, MANFRED: Wider die ökumenische Einszeit. Die Vision von der Einheit der Kirche, Neukirchen-Vluyn 2006

KOSLOWSKI, JUTTA: Die Einheit der Kirche in der ökumenischen Diskussion. Zielvorstellungen kirchlicher Einheit im katholisch-evangelischen Dialog (Studien zur systematischen Theologie und Ethik, Bd. 52), Münster 2008

KRÜGER, HANFRIED/LÖSER, WERNER/MÜLLER-RÖMHELD, WALTER (Hg.): Ökumene-Lexikon. Kirchen – Religionen – Bewegungen, Frankfurt [2]1987

KÜHN, ULRICH: Zum evangelisch-katholischen Dialog. Grundfragen einer ökumenischen Verständigung, Leipzig 2005

KÜNG, HANS: Konzil und Wiedervereinigung. Erneuerung als Ruf in die Einheit, Freiburg [6]1962 [Erstveröffentlichung Freiburg 1960]

LEIBNIZ, GOTTFRIED WILHLEM: Über die Methoden der Wiedervereinigung. In: DERS.: Über die Reunion der Kirchen. Auswahl und Übersetzung, Hg. WINTERSWYL, LUDWIG, Freiburg 1939, S. 31–52

LESSING, ECKHARD: Abendmahl (Bensheimer Hefte, Ht. 72/Ökumenische Studienhefte, Bd. 1), Göttingen 1993

LINK, CHRISTIAN/LUZ, ULRICH/VISCHER, LUKAS: Sie aber hielten fest an der Gemeinschaft … Einheit der Kirche als Prozeß im Neuen Testament und heute, Zürich 1988

LÜNING, PETER: Ökumene an der Schwelle zum dritten Jahrtausend, Regensburg 2000

LUZ, ULRICH/LINK, CHRISTIAN/VISCHER, LUKAS: Ökumene im Neuen Testament und heute, Göttingen 2009

MEYER, HARDING: Ökumenische Zielvorstellungen (Bensheimer Hefte, Ht. 78/Ökumenische Studienhefte, Bd. 4), Göttingen 1996

MEYER, HARDING/URBAN, HANS JÖRG/VISCHER, LUKAS (Hg.): Dokumente wachsender Übereinstimmung. Sämtliche Berichte und Konsenstexte interkonfessioneller Gespräche auf Weltebene, Bd. 1: 1931–1982, Paderborn/Frankfurt 1983

MEYER, HARDING u.a. (Hg.): Dokumente wachsender Übereinstimmung. Sämtliche Berichte und Konsenstexte interkonfessioneller Gespräche auf Weltebene, Bd. 2: 1982–1990, Paderborn/Frankfurt 1992

MEYER, HARDING u.a. (Hg.): Dokumente wachsender Übereinstimmung. Sämtliche Berichte und Konsenstexte interkonfessioneller Gespräche auf Weltebene, Bd. 3: 1990–2001, Paderborn/Frankfurt 2003

MEYER-BLANK, MICHAEL/FÜRST, WALTER (Hg.): Typisch katholisch, typisch evangelisch. Ein Leitfaden für die Ökumene im Alltag, Rheinbach 2009

MUMM, REINHARD (Hg.): Ökumenische Gebete, Regensburg/Stuttgart ²1991

NEUNER, PETER: Ökumenische Theologie. Die Suche nach der Einheit der christlichen Kirchen, Darmstadt 1997

NEUNER, PETER/KLEINSCHWÄRZER-MEISTER, BIRGITTA: Kleines Handbuch der Ökumene, Düsseldorf 2002

QUADT, ANNO: Evangelische Ämter: gültig – Eucharistiegemeinschaft: möglich, Mainz 2001

ROUSE, RUTH/NEILL, STEPHEN CHARLES (Hg.): Geschichte der Ökumenischen Bewegung 1517–1948, 2 Bde., Göttingen 1957 f.

SCHÜTTE, HEINZ: Glaube im ökumenischen Verständnis. Grundlage christlicher Einheit. Ein ökumenischer Katechismus, Paderborn/Frankfurt ¹³1996

TAVARD, GEORGES H.: Geschichte der Ökumenischen Bewegung, Mainz 1964

THÖNISSEN, WOLFGANG u.a. (Hg.): Lexikon der Ökumene und Konfessionskunde, Freiburg 2007

UHL, HARALD u.a. (Hg.): Taschenlexikon Ökumene, Frankfurt/Paderborn 2003

URBAN, HANS JÖRG/WAGNER, HARALD (Hg.): Handbuch der Ökumenik, 3 Bde., Paderborn 1985–1987

Adressen und Informationen

1. Kirchen und Gemeinschaften:

Deutsche Bischofskonferenz (DBK)
Kaiserstr. 161
53113 Bonn
Telefon: 0228/103-0
E-Mail: sekretariat@dbk.de
Internetseite: www.dbk.de

Evangelische Kirche in Deutschland (EKD)
Herrenhäuser Str. 12
30419 Hannover
Telefon: 0800/5040602
E-Mail: info@ekd.de
Internetseite: www.ekd.de

Vereinigte Evangelisch-Lutherische Kirche Deutschlands (VELK D)
Herrenhäuser Str. 12
30419 Hannover
Telefon: 0511/2796-0
E-Mail: zentrale@velkd.de
Internetseite: www.velkd.de

Lutherischer Weltbund (LWB)
150, route de Ferney
CH-1211 Genf 2
Telefon: 0041/22/7916111
E-Mail: info@lutheranworld.org
Internetseite: www.lutheranworld.org

Weltgemeinschaft Reformierter Kirchen (WGRK)
Knochenhauerstr. 42
30159 Hannover
Telefon: 0511/897383
E-Mail: wcrc@wcrc.eu
Internetseite: www.wcrc.ch

Vereinigung Evangelischer Freikirchen (VEF)
Johann-Gerhard-Oncken-Str. 7
14641 Wustermark-Elstal
Telefon: 033234/74-103
E-Mail: michael.gruber@vef.de
Internetseite: www.vef.de

Griechisch-Orthodoxe Metropolie von Deutschland
Dietrich-Bonhoeffer-Str. 2
53227 Bonn
Telefon: 0228/973784-0
E-Mail: metropolit@orthodoxie.net
Internetseite: www.orthodoxie.net

Russisch-Orthodoxe Kirche in Deutschland
Wildensteiner Str. 10
10318 Berlin
Telefon: 030/50379488
E-Mail: dioezese@rokmp.de
Internetseite: www.rokmp.de

2. Ökumenische Institutionen:

Ökumenischer Rat der Kirchen (ÖRK)
150, route de Ferney
CH-1211 Genf 2
Telefon: 0041/22/7916111
E-Mail: wcc_visitors@wcc-coe.org
Internetseite: www.oikoumene.org

Konferenz Europäischer Kirchen (KEK)

Büro in Strasbourg:
8, rue du Fossé des Treize
F-67000 Strasbourg
Telefon: 0033/388/152760

Büro in Brüssel:
Ecumenical Centre
rue Joseph II, 174
BE-1000 Brussels
Telefon: 0032/2230/1732

E-Mail: cec@cec-kek.be
Internetseite: www.ceceurope.org

Gemeinschaft Evangelischer Kirchen in Europa (GEKE)
Severin-Schreiber-Gasse 3
A-1180 Wien
Telefon: 0043/1/59151700-900
E-Mail: geke@leuenberg.eu
Internetseite: www.leuenberg.eu

Arbeitsgemeinschaft christlicher Kirchen in Deutschland
(ACK)
Ökumenische Centrale
Ludolfusstr. 2-4
60487 Frankfurt
Telefon: 069/247027-0
E-Mail: info@ack-oec.de
Internetseite: www.oekumene-ack.de

Johann-Adam-Möhler-Institut
Leostr. 19 A
33098 Paderborn
Telefon: 05251/8729-800
E-Mail: jam@moehlerinstitut.de
Internetseite: www.moehlerinstitut.de

Konfessionskundliches Institut
Ernst-Ludwig-Str. 7
64625 Bensheim
Telefon: 06251/8433-0
E-Mail: info@ki-eb.de
Internetseite: www.konfessionskundliches-institut.com

Pro Oriente
Hofburg
Marschallstiege II
A-1010 Wien
Telefon: 0043/1/5338021
E-Mail: office@pro-oriente.at
Internetseite: www.pro-oriente.at